2017年9月6日事业部十周年庆典·颁发创业元勋人物奖项

2017 年 9 月 6 日事业部十周年庆典·颁发优秀合作伙伴奖项

2017年9月6日事业部十周年庆典·颁发十年功勋人物奖项

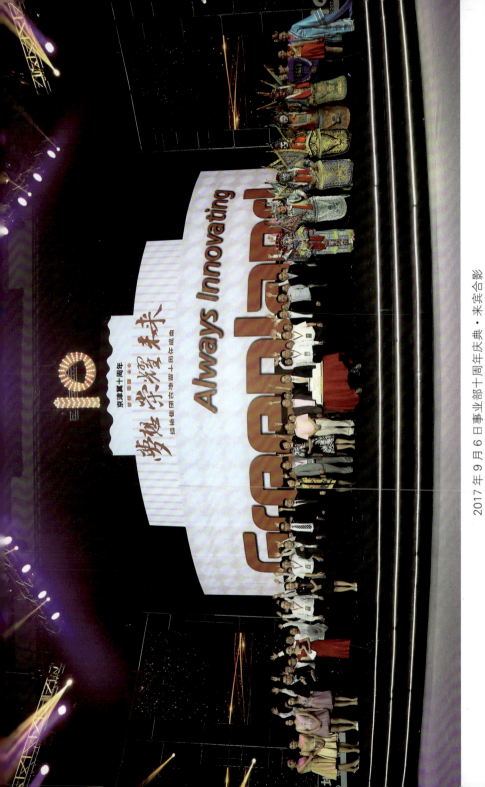

荣耀始于梦想　未来不止所见

深度挖掘绿地京津冀　成长密码

近距离全接触　号脉地产十年

同心同路

——绿地京津冀10年

钱跃东　陆新之　著

民主与建设出版社

·北京·

图书在版编目（CIP）数据

同心同路：绿地京津冀 10 年 / 钱跃东，陆新之著．
—北京：民主与建设出版社，2017.9
ISBN 978-7-5139-1455-0

Ⅰ．①同… Ⅱ．①钱…②陆… Ⅲ．①房地产企业—
企业集团—企业管理—经验—中国 Ⅳ．① F299.233.3

中国版本图书馆 CIP 数据核字 (2017) 第 202207 号

同心同路：绿地京津冀 10 年
TONGXIN TONGLU：LÜDI JINGJINJI SHINIAN

出 版 人	许久文
著　　者	钱跃东　陆新之
责任编辑	王　颂
封面设计	李尘工作室
出版发行	民主与建设出版社有限责任公司
电　　话	（010）59417747 59419778
社　　址	北京市海淀区西三环中路 10 号望海楼 E 座 7 层
邮　　编	100142
印　　刷	三河市南阳印刷有限公司
版　　次	2018 年 3 月第 1 版
印　　次	2018 年 3 月第 1 次印刷
开　　本	880mm×1230mm　1/32
印　　张	8.5
字　　数	160 千字
书　　号	ISBN 978-7-5139-1455-0
定　　价	47.80 元

目　录

序一 建设美丽中国,绿色建筑大有可为

　　绿地集团是给我印象比较深刻的一家企业,尤其是它"绿地,让生活更美好"的企业宗旨让我非常认同。"绿色"是中国老百姓对美好家园的共同愿景。目前,全社会都已普及了绿色建筑的基本知识和重要功能,绿色建筑是一种全生命周期节能、节地、节水、节材的新建筑模式,而节地、节水、节材也间接实现了节能减排,对国家未来的发展的益处不言而喻。国家绿色建筑行动计划已经明确,相关奖励政策已经出台。在这种形势下,行动起来,扎实推进、全面推广绿色建筑就成了关键。

推动绿色建筑发展需要新动能

让绿色建筑的标准、质量更高，对节能减排的贡献更大，是我们努力的方向，概括起来有几类新动能可以加速绿色建筑发展：

一是大幅度提高新建建筑的绿色建筑比率。首先要加强城市规划的管理，城镇新区建设、旧城更新中要建立包括绿色建筑比例、生态环保、绿色交通、可再生能源利用率等内容的指标体系，纳入总规、控制性详细规划和专项规划，并将绿色建筑普及作为土地招拍挂的前提条件。

二是实施推广重点小城镇和绿色村庄示范工程中的乡土绿色建筑。

三是绿色建筑新技术的推广、新产品的研发和新示范工程的加速推行。

绿色建筑是"优质内需"

当前我国国民经济发展的关键在于能否持续刺激内需。优良的内需必须尽可能同时符合 7 个标准：第一，必须有利于节约能源，中央财政不应补贴到不环保的汽车、烘干机或者热水洗碗机，这些都是耗能极高的产品；第二，有利于减少各类污染物排放；第三，有利于改善人居环境和促进社会公平；第四，有利于创造新的就业机会；第五，有利于培育和壮大新兴战略产业；第六，有助于可持续发展和应对气候变化；第七，有利于促进科技创新。显然，绿色建筑全面符合以上七个方面，属于最优质的内需。

当前，我国的绿色建筑发展势头良好，但全面推广，仍然存在着：设计与运行标识数量不配套、既有建筑改造采用绿色建筑标准的比例还不高、新型建材的运用比重仍落后于发达国家、绿色建筑运行监管不力等方面的薄弱环节。

绿地集团在这方面走得相对靠前，它在京开发的望京绿地中心、三元桥绿地金融中心和石景山环球金融中心等项目是较成功的代表，运用绿色建筑新技术建立了较完善的节能减排综合系统，也取得了高质量的权威认证。

我国加速绿色建筑发展的课题还很多，一方面要抓住机遇，迎难而上；另一方面必须克服工业文明的传统模式，即大规模、集中式、单一化和长程循环模式，而应因地制宜、多样化新技术、新案例示范，再辅之以有力的激励政策，来创造我国绿色建筑和建筑节能大发展的新局面。

绿色建筑最容易集大成，最容易涌现出类拔萃的人才，最容易形成良性竞争的局面，最容易使开发者的聪明才干脱颖而出，最容易让我们抓住新机遇，而机遇永远垂青于实干家。中国企业正面临着一个变革创新的时代，作为已经进军京津冀地区整整十周年的绿地集团来说，面对复杂的营商环境和变化的市场，把握绿色建筑这个大机遇，发挥企业独特的竞争优势，相信绿地会进入一个更加持续稳定的发展。

我国现在在建的和待改造的既有建筑数量巨大，它们的能耗、碳排放量将会决定未来中国乃至全世界的能耗、碳排放，绿色建筑的发展将会在很大程度上肩负着世界环境治理和应对气候变化的重任。期待绿地集团能进一步担负起中国标杆企业的社会责任，为中国绿色建筑的全面普及提供更多优秀的案例、管理的模式和创新的技术，从而为生态文明建设做出更大的贡献。

国务院参事室参事、原住房与城乡建设部副部长

仇保兴

序二 从产城融合到
未来的创新

　　应绿地集团邀请，为《同心同路：绿地京津冀 10 年》做序，内心忐忑不安，因为对绿地集团以及开发项目一知半解，不足以担当客观的评价。拜读了《同心同路》之后，深感绿地集团以及地产界发展的不易。在二十年城镇化进程中形成的房地产为主导的城市发展模式以来，在无数个房地产商恶性竞争的年代，一个以上海国企为背景的上市企业，如何异军突起，形成中国地产界的领军者之一，必有过人之处。这中间既有团队的辛勤耕耘和努力，也是由于战略机遇期发展模式的选择和发展空间的确定。这一切需要企业家精神和睿智的发展战略选择相结合。

中国房地产的发展离不开城镇化的大背景。从 2000 年以来，每年近两千万的农村人口进入城市，7.8 亿城镇人口随着收入增长和住房条件的改善，产生了巨量房地产需求，这在世界城市化发展历史上确实是独一无二的经历。当然，所谓的中国特色还存在着以地方财政利益为主导的城市发展模式，从政府和企业两个维度来支撑房地产走过了火热的二十年。能够获取高额利润的地产行业，当然也就会带来最激烈的竞争局面。在如此惨烈的竞争中，要走出一条引领或者至少更为独特的发展路径，对于所有房地产企业来说，这都是非常严峻的考验。

我大概总结了一下中国的房地产发展路径，可以说是经历了两个大的发展阶段。一个是以生态、视觉为主导的景观发展路线，它影响了中国房地产业二十年，而且在前十年基本是一骑绝尘。那个时候在任何城市看到的房地产，大院模式、生态、绿地和水系几乎成为房地产发展的主潮流。这种房地产的发展模式与后来的城市基础设施建设和城市景观基本上是相得益彰。但是作为我们研究城市的学者的观点来看，这可能会造成城市生活的不方便——由于空间过大，密度较低，交通不畅造成了居民的出行、消费、就业等的种种不方便。因此，催发了房地产发展的第二个阶段，即以城市综合体为主导的产城融合发展路径。这一时期的表现形式就是集中的购物消费区域建设和产业园区建设相结合，综合性的地产概念覆盖了以往单一的居住地产的模式。当然这种发展模式一旦形成，就会迅速地在全国被推广和复制。我们现在看到的地产发展模式已经是第二阶段的尾声，毕竟复制的效果在同构竞争的格局中已经把目前全国地产的空间瓜分完毕。但是同时也出现了另一种现象，可以说地产业真正地面临着危机：以政府和企业双重力量推动的房地产正面临着击鼓传花效应，部分二线城市和绝大部分三四线城市房地产供给过剩；房地产业为主导的城市发展模式带来的金融风险，已经在一些城市中发生。如何调整发展结构，防范金融风险，变城市的房地产主导模式为实体经济发展路径，应该是去年中央经济工作会议的政策重点。

在竞争加剧和供给过剩的危机中，中国房地产业面临着洗牌和战略转型。在如此困难的条件下，绿地集团仍保持着销售和利润位居全国前列，显然是经过了巨大的努力，与企业家的判断和团队的精神有着直接的关系。但是眼前的发展还是需要面对未来，还是需要在房地产业实现创新。虽然目前存在着严峻的困难和挑战，同时也面临着重大的战略机遇期。首先，发展空间应坚定不移地把特大城市和都市圈作为重点。京津冀协同发展实际上意味着，这里是巨大的潜力区。因为这里房价高企，中低收入者住房供给不足。其次，面临着居住行为逆特大城市化的现象，向特大城市主城区周边的小城市和小城镇，甚至是乡村的发展，也是未来适应城镇化发展空间格局改变的主动战略选择。第三，从房地产的发展趋势中寻求永久的动力源，而不是停留在受限的空间格局竞争环境中。也就是说，谁代表着房地产发展的未来，谁就占领了房地产发展的先机，谁就在竞争中具有绝对的优势。最后，房地产要与市场变化的需求相结合，可以激励着房地产业连接敏感的市场神经，及时调整战略格局和走向。

我的判断是，房地产的发展要遵循以下城镇化发展规律：当工业远离特大城市时，房地产如何与工业的远郊区化相吻合？市场需求的多元化，要求可变的房地产发展类型供给，如何敏锐地把握市场的趋势？产业的发展是集聚还是分散，取决于服务业主导的产业和工业主导的产业不同的空间发展模式，针对这两种产业，房地产的供给如何实现差别化调整？根据当前城市发展成本高企，中低收入群体住房供给不足的形势下，如何在未来的空间选择中降低发展成本？传统的以建筑材料、视觉空间引导需求变化的房地产发展模式是否要让位于互联网和人工智能为主导的智慧化需求，而这种需求随着科学进步的变化是不是代表着房地产转型的未来？

我衷心地希望绿地集团在中国城镇化转型的大时代中，迅速地实现房地产发展模式的转型。我也希望在京津冀协同发展中，绿地集团以更为准确的市场判断，进行发展空间模式的调整。具备了优秀的团队合作模式，也有了好的企业带头人，当前最重要的是做好战略转型期的研发、预判，能够果断地通过资源再分配，使得自身的发展能够及时甚至超前面对未来。如此，创新意味着格局，选择预示着判断，抓住时机勇于探索和实践，企业在竞争和挑战中不仅仅将会永远立于不败之地，而且会引领中国的房地产行业，并走向世界。

国家发改委城市和小城镇改革发展中心
理事长、首席经济学家
李铁

引子　十年生聚

　　2017 年 6 月 6 日，除了在数字上略显吉祥之外，这似乎只是过去无数个日夜中普通的一天。但在这一天，地处望京的国门第一高楼——260 米高的望京绿地中心顶层直升机坪上，却一反平日的冷清，琴声悠扬，高朋满座。

　　这一日，连素来多霾的北京天气也颇为"识趣"，天高云淡，风清气爽。居高望远，雄伟旷阔的京城一览无余：西北处可见上风上水的西山香山，西北偏北可见葱郁萋萋的京城最大氧吧奥林匹克森林公园，东北是二十分钟车程即至的首都国际机场，西南方历历可见国贸三期、央视大楼和脚手架环列的中国尊工地。

　　将目光收回近处，比邻处是阿里巴巴北京总部大楼和第一位普利兹克奖女性得主扎哈·哈迪德设计的超现实主义风格的望京 SOHO。这个被称为新国门之地、新地标聚集的望京商务区，已获称京城第二 CBD，租金几乎可与国贸比肩。

"中国锦"的天台上，绿地京津冀十周年发布会启幕现场

"三、二、一，揭幕！"

随着来自北京电视台财经频道的主持人张杨的倒计时口令，激昂的背景音乐声响起，工作人员与在场嘉宾将红绸布缓缓拉下，一块高达 2.6 米的硕大摆台出现在众人面前。乳白底色之上，地标高楼所代表的数字"1"与三臂环接所代表的数字"0"共同组成了韵味深长的"10"字形 LOGO，下书"京津冀十周年——梦想 荣耀 未来"，最下方则是为人熟知的绿地集团企业 LOGO——房屋与树木共生的"G"形标志。

原来，这一天是绿地集团京津冀区域发布会，亦是绿地京津冀十周年系列庆典的序幕。2007 年，起家于上海的绿地集团北上京师，从零开始，拓展京津冀市场。时光如白驹过隙，转瞬即逝，迄今已十年矣。

绿地理念

绿地集团创始人、董事长兼总裁张玉良曾在一次受访时说："绿地要跟着经济成长走，跟着人口流向走。"[①]

此言出于 2016 年，针对的是房地产行业区域分化加剧的态

① 伍振国，王千原雪. 绿地控股集团董事长张玉良：企业要跟着人口流向和经济成长走 [EB/OL]. http://house.people.com.cn/n1/2016/0322/c164220–28216309.html

势。但这句话的核心理念，在张玉良心中早已发酵了二十多年。

绿地集团 1992 年成立于上海，最初的名字是上海市绿地总公司，由上海市农委、上海市建委各出资 1000 万元发起设立，公司宗旨是通过市场化方式赚取利润，然后将利润无偿地投入上海市的绿化建设，"绿化上海，美化环境，造福人民"。

今天看来，这样的经营目标多少有些怪异。从经济学的概念来说，公共绿地作为一种同时具备非竞争性和非排他性的公共物品，是无法通过收费来运营的，因此理应由政府提供，而政府的支出则来源于向全民征收的赋税。但上海绿地成立之后，地方政府除了 2000 万元股本注入以外（同时还规定了每年收取 25% 的固定分红），并没有追加投入或进行补贴。在政府与国企界限模糊的 90 年代，地方国企面对乡镇企业、私营企业的激烈竞争，普遍陷入亏损泥潭，往往需要地方政府发挥"看得见的手"的作用，对其实施救助。像绿地这样不但不额外享受国企背景带来的垄断资源，还背负着反哺压力，而且成立之时居然没有明确的盈利方向的，实属异类。

在接受上海市绿地总公司总经理的职务之前，张玉良的身份是上海市农委住宅建设办公室副主任，是吃"皇粮"的公务员。1992 年春风已暖，熏得一大批体制内的不安分者下海畅游，但要离开农委，去农委下属一家前途未卜的公司迎接难以预料的市场浪潮，仍然不是一个容易的决定。然而，乐于做事、甚至是急于做事的张玉良却很快下了决心。几个月后，由于始终无人愿意接受董事长职务的任命（这恰恰为张玉良的抉择之难做出了旁证），他又将这个职位一肩挑起。

初掌绿地的张玉良大概并没有花什么心思去琢磨绿地使命中的怪异之处，也没有借此去向市政府要钱要政策。在那个激荡的年代，他唯一考虑的是，如何让绿地在市场中活下来，继而生长、壮大。在日后的一次受访中，他这样回忆往昔："（那时）绿地虽然没什么实力，也没什么地位，完全靠市场，但我觉得有空间，我不在乎给多少政策，也不在乎给多少钱，给我机制就可以了。"在当时，这个机制就是"没有约束"，就是"放手干，放心干"。[①]

放手一搏的张玉良找了很多挣钱的法子，早年的绿地涉足过地产、建材、餐饮、广告、出租车、巴士……几乎一个星期就成立一个分公司，看到哪里能挣钱，就去哪里试一试，最终从动迁房建设这条路子开始，走上了以房地产开发为主营业务的发展道路。在与市场的不断博弈之中，张玉良渐渐明晰了绿地赖以生存的经营哲学，即"做政府想做的事，做市场和社会需要的事"。

中国式的政商关系经常在或明或暗的地带徘徊，企业家们

---

① 屈波，郭建龙. 势在人为：绿地廿年进入世界五百强 [M]. 北京：中信出版社，2012.

往往对此讳莫如深,像张玉良这样直截了当地摆明企业与政府之间关系的企业家并不是没有,却也并不常见。但在张玉良看来,协同政府是一种光明正大的"阳谋",他不止一次地表示,"政府是主导,引领着社会前进的方向,而企业的任务是寻找和发现商机,前者需要后者的力量,后者需要前者的支持"。

更重要的是,在"做政府想做的事"的同时,绿地也致力于"做市场和社会需要的事"。最初的动迁房建设业务,绿地所瞄准的正是上海市人均居住面积全国倒数第一这个事实,其成功既是早期绿地人艰苦奋斗的结果,也是时代赋予的机遇使然。2001 年以后,伴随着轰轰烈烈的全国性城市化运动,绿地杀出上海,剑指全国,并凭借着在大上海积累的丰富的房地产开发经验,逐渐成为全国最大的房地产开发企业之一。在绿地的发展历程中,"顺势而为"始终是一个主基调,这中间的"势",既是政策之势,也是市场规律、社会需求之势。张玉良后来讲的"绿地要跟着经济成长走,跟着人口流向走",当然也是这种思路的体现。

也正因此,当张玉良大手一挥,领导绿地走出上海之时,他的目光早已牢牢锁定华北平原上的明珠,中国的政治中心、文化中心、北方经济中心——京津地区。

创业维艰

2007 年 9 月 6 日，绿地集团京津房地产事业部①正式设立。事业部的第一任总经理，是现任绿地集团副总裁、广东事业部总经理的陈志华。

彼时的绿地，虽然已经进入南昌、南京、郑州、成都、西安等东部和中西部省会城市，从"上海的绿地"变成了"中国的绿地"，但在万科、保利、中海、远洋、首开、SOHO 中国等大佬云集的京津地区，却尚是一枚"新兵"。群雄逐鹿之地，岂容初来乍到者轻易入局？绿地京津冀宛若一头闯入新疆域的幼兽，虽有初生牛犊不畏虎的胆气，但在皇城根下，仍然碰了不少钉子——在和当地各路人马打交道时，有人甚至会问："绿地和绿城是什么关系？绿地的总部是不是在杭州？"开拓之难，可见一斑。

形势也不遂人愿。2007 年正值房地产市场过热，而贵为一线城市的北上广深，更是首当其冲，虽然中央政府通过连续上

① 绿地集团京津冀事业部的名称曾经历过多次变化，如京津房地产事业部、京津冀房地产事业部、京津冀事业部等。为便于读者理解，除确有必要之外，后文将不再刻意区分，统一以"绿地京津冀"、"京津冀事业部"或者"事业部"指代。

调基准利率、增加首付比例、出台土地拍卖新规、调整土地供应结构等政策进行宏观调控，但地王依旧频出，房价一路飞涨。不主张拼地王的绿地在高烧不退的京城无处下口，只能偃旗息鼓，等待时机。

到了 2008 年，绿地京津冀终于有了零的突破，但走的却是"农村包围城市"的路线。当年 1 月，绿地在远离北京、天津市区的蓟县（今为天津市蓟州区）取得一宗土地；紧接着，绿地又迂回到紧邻北京的河北省香河县，迅速与当地政府达成合作意向，并很快着手开发一个住宅项目。在两个项目的基础上，事业部当年的销售目标锚定为 18 亿元。

然而，更加险峻的挑战突如其来。2008 年，美国次贷危机很快演变为全球性的经济危机，外向型的中国经济也遭到冲击，楼市迅速从过热转为冰封。2008 年前 11 个月，全国主要城市的商品住宅成交量较上一年度平均下降 40%，1/3 城市成交量被腰斩。外部环境的惨淡使得潜在购房者普遍有持币观望的心态，加上蓟县、香河两个项目位置较偏，单价较低，最后事业部竭尽全力，只完成了销售收入九千多万元，目标完成率 5%。

客观困难确实存在，但绿地京津冀的创始团队并未因之怨天尤人。创始团队中的核心领导层均由集团从上海派出，多是经历过 2004 年—2005 年楼市调控的老地产人，对市场的起伏有着充分的心理准备。更重要的是，他们在张玉良身边耳濡目染，绿地式的管理风格早已深入骨髓，刻入基因。

张玉良早年间曾做过会计、粮管员、村支书，也管过镇工业公司，随后才进入机关。丰富的基层工作经验使得他迥异于那些"一杯茶、一份报"便能打发一天的公务员，决定了他是个崇尚实践、不喜空谈的人。他多次对身边的人说："你们想知道怎么做，就看我怎么做，你们想让团队怎么做，就让他们看你怎么做。"说得多了，大家就将这种观点总结为"背影效应"。

陈志华深谙此中三味，开拓工作虽然千难万险，下属的工作也常常遭遇挫折，他却并不苛责，而总是加以勉励，当对方确实力有不逮时，则常常亲自出马，绝不推卸责任。2009 年，蓟县、香河项目渐入正轨，事业部在北京大兴也取得了突破，陈志华经常在三地来回奔波，每天车辆行驶里程平均达到 300 公里，而又由于加班而经常熬夜，便只能借机在车上补觉。时间长了，疲惫憔悴之态难免显露，但奋斗之志却丝毫不馁，中层和基层看在眼中，谁也不敢松劲，自然形成了一级带一级的良好氛围。到 2009 年底，随着市场氛围渐渐回暖，在事业部的集体努力下，当年销售额达到 13.6 亿元，较前一年增长了14 倍。

峥嵘岁月

阿基米德曾说："给我一个支点，我就能撬起地球。"

绕着北京打转的绿地，也需要一个支点，凭借这个支点，撬动北京这个房地产市场上真正的高地。

机会常常在最不可能的时候出现。2008 年 11 月，随着次贷危机影响的加重，国务院推出了进一步扩大内需、促进经济平稳较快增长的十项措施。当年 12 月，时任国务院总理温家宝同志来上海调研，期间与上海企业家座谈，张玉良敏锐地意识到，"这一波政策中央是非常果断的，宁可多做一点，经济也不能受世界影响，一定要保稳定、保增长。另外，房地产是主战场，而且是带动性最强的。"于是，他决心从上海大本营开始，打响扩张反击战。2009 年二季度开始，绿地在上海频频出击，从 4 月到 9 月的六个月间，绿地在上海拿下了 9 个地块。

上海大本营的狂飙突进让京津冀事业部既兴奋又紧张，同时，陈志华等人也发现，北京的土地市场也正在恢复热度。陈志华断定，2009 年开始，北京的房地产市场将迎来上升期，此时再不重兵杀入，未来恐将后悔莫及！经过仔细调研准备，事业部最终将大兴区作为杀入京城的第一个落脚点，并于当年 7 月，成功竞得大兴区黄村 19 号、20 号项目用地，成为大兴区域总价最高的"地王"。在其后的 2010 年，绿地在该地块上开发的住宅项目新里·西斯莱公馆以 50 多亿元的销售额夺得北京单盘销冠，一举奠定绿地在北京的地位。

成功进入大兴，实现"进京"梦想并没有让以陈志华为首的事业部团队感到满足。事实上，"永不满足、思变图强；永不止步、争创一流"从绿地成立之初就是其所秉持的企业精神，早已深入人心，经久不衰。若非"两个永不"的鞭策，绿地到今天也许还盘踞在上海滩上，怡然自得地做自己的"土财主"，何必费尽千辛万苦，在全国寻找机会，更不必冲进水深鱼大的北京市场，与群雄近身肉搏。

张玉良强调"两个永不"有他的道理："一般成长快的企业容易犯错误多一些，发展得慢一些没有太大错误，但企业发展慢就是最大的风险……我们只看到发展快有风险，是因为发展得快（倒下了）你看得到，而发展得慢的每天死掉几万家，你却没有感觉……我觉得理念应该倒过来，现代社会越是发展慢，越是风险大。"在这种理念的引领下，绿地的工作节奏极快，绩效要求极高，能在这里长久生存的人，一定有着与这种企业精神同频共振的个人性格：志向远大，同时又务实勤奋。

2010 年 9 月，不满足于在北京郊区耕耘的绿地再进一步，获得朝阳区崔各庄大望京 3 号商业用地地块，并在此地块上开发了后来成为绿地京津冀总部所在地的望京绿地中心。今天来看，大望京区域已成为国贸之外的京城第二 CBD，暗喻着崛起的新贵力量——这里既云集了西门子、微软、索尼、LG 等传统世界五百强的中国总部，亦吸引了阿里巴巴、高德地图、美团网、智联招聘等新兴互联网独角兽企业入驻。占领大望京制高点，对绿地的意义，绝不只是一座地标性建筑而已。

渐入佳境的绿地京津冀，在此之后愈加顺风顺水，其落子如星火燎原，在北京各个区域开花结果：大兴、房山、密云、顺义、朝阳、通州、昌平、海淀、石景山……伴随着项目数量的爆发式增长，事业部规模急剧扩大，在 2013 年，绿地京津冀的年销售额已突破百亿元，而到了十年将至的 2016 年，年销售额更是达到 180 亿元，相当于初创时的 200 倍。

时间的沉淀所带来的甚至远不止于规模的增长。在绿地的发展史上，自 2003 年进入南京投资开发超高层地标紫峰大厦开始，住宅＋商办两条腿走路的开发模式便已形成。随着进入城市日益增加，开发量越来越大，绿地在实践中更深刻地认识到商办物业对于城市升级的意义，开始有意识地从纯粹的地产开发商向城市综合运营商转变。在北京，由于绿地进驻的区域以商业配套尚不成熟的郊县为主，因而绿地的产品也多为商办物业。在探索如何最大程度地有效服务企业、进而提升商办物业价值的过程中，绿地开发出了以企业服务平台为特色的"房山模式"，为绿地集团乃至整个商办物业模式变革提供了颇具特色且卓有成效的样本。

再造未来

2014 年以前，绿地集团凭借商办产品每年百分之五十以上的超高速增长，成为房地产业界中规模增长最快的企业之一，甚至一度超越万科，成为全国乃至全球最大的房地产开发企业。但 2015 年以后，市场环境、政策导向的变化使得商办产品销售遭遇困难，而住宅产品的销售则日渐火爆。此消彼长之间，产品结构特殊（商办产品比例偏高）的绿地，在房企销售排行榜上也开始渐渐后退，这多少引发了一些外部观察者的议论。在绿地内部，京津冀事业部的商办产品比例远远高于集团平均水平，立足十周年的新起点，绿地京津冀该如何谋划自己的未来？

此外，区域形势也正在发生着深刻的变化。2015 年 4 月 30 日，中央政治局会议审议通过了《京津冀协同发展规划纲要》，指出推动京津冀协同发展是一个重大国家战略，而核心是有序疏解北京非首都功能。至此，推动京津冀一体化的国家战略顶层设计已经完成，在这一战略指引下，河北省尤其是环京地带的战略价值得以凸显。无独有偶，2017 年 4 月 1 日，中共中央、国务院印发通知，决定设立河北雄安新区，并将其定位为"千年大计、国家大事"。雄安新区的设立，对于集中疏解北京非首都功能，探索人口经济密集地区优化开发新模式，调整优化京津冀城市布局和空间结构，培育创新驱动发展新引擎，具有重大现实意义和深远历史意义。

新形势下，凭着因时而变、顺势而为的企业战略，绿地京津冀已经有了新的准备。自 2016 年起，绿地京津冀在深耕北京 7 年之后（2009 年正式进入北京市场），再次返身出京，先后在石家庄、天津等地获取新项目，为后续的发展积累筹码。再战津冀，标志着绿地京津冀战略布局上的重大调整，亦使得"京津冀事业部"的名称愈加名副其实。

更重要的是，如今的绿地早已不是单纯的房地产开发企业。2015 年，张玉良宣布了绿地集团的重大转型方向"1+3"战略，即持续做强一个主业（房地产），加快发展"大金融、大基建、大消费"三个重点领域；到 2017 年，科技、康养两个产业也加入到绿地的产业集群之中。多元化战略引领之下，绿地系企业合纵连横，在房地产开发之外，还能承担基础设施建设、产业基金设立、产业导入、配套商业运营等任务，真正实现了向全方位的城市运营商的转变。随着"特色小镇"成为新的风口，像绿地这样具备综合开发经营能力的大型企业集团颇受各地政府的青睐。在环京区域，特色小镇以其承接溢出人口与产业的能力，已成为疏解北京非首都功能的现实选择，绿地京津冀抓住时机，凭借集团的配套产业支持，已与一些地方政府签订合作协议，推动具备特色产业的小镇开发。

在企业经营之外，注重社会责任的绿地京津冀也积极融入当地，连续多年发起和参与公益品牌活动，如"绿地·美丽北京"、"绿地·与北京同行"、"北京国际山地徒步大会"等，积极倡导推进无障碍环境和绿色建筑的研究与实施，从低碳环保、人文关怀、运动健康等角度切实践行企业社会责任，积极推动社会文明进步。

企业经营的"硬"和社会责任的"软"两手兼顾，绿地京津冀正以"永不满足、永不止步"的初心，将过去的辉煌成就"清零"，面向未来，风雨兼程，快马扬鞭。

创建至伟。正心、取势、明道，绿地京津冀的上一个十年，筚路蓝缕，从无到有，由零到一。

再造亦雄。优术、合众、践行，绿地京津冀的下一个十年，同心同路，高视阔步，无可限量。

上篇

梦想

第一章 盘山拓荒

欲争全国，必夺京师

绿地京津冀的故事要从 2005 年开始讲起。

在这一年，志在成为全国化企业的绿地集团，已经从上海滩一跃而出，挥师西进，先后进驻南昌、南京、郑州、成都、合肥、长春等地，颇有气吞山河之豪迈气概。但掌门人张玉良并未因之自满，他的目光紧紧盯住了华北平原上的一颗明珠——首都北京："如果我们连北京都没有进，那还算什么全国化的公司？"

北京，既是中华人民共和国的首都，也是中国的政治、文化、国际交往和科技中心，更是全国房地产市场的风向标。全国知名的品牌房地产开发商，无不以进入北京为自己的重要目标，绿地当然也不例外。

为了在这次"进京赶考"中"考个好成绩"，张玉良决定组建一个精干的前期小组，去北京探一探路。他所下达的指示非常具体：当年必须在北京拿到 1—2 块地，住宅用地最好是大一点，商业用地可以小一点。在绿地的历史上，张玉良提出明确目标和时间节点的，还少有不能如期完成的。

然而，首都北京给了初来者绿地一个"下马威"。一年过去，绿地仍然不得其门而入，进京目标被迫延迟。

这个没有即刻实现的目标，却展现了绿地"执行力"之外的另一面，即"市场理性"。2004 年下半年到 2005 年年初，其间正是中国房地产市场第一轮顶点，当时的北京楼市，正在大步幅地赶超上海，成为全国楼市的风向标。随着房价走高，加上"831 大限"①在一定程度上引发了市场关于土地供应收缩的

---

① 2004 年 3 月 31 日，国土资源部、国家监察部联合发布《关于继续开展经营性土地使用权招标拍卖挂牌出让情况执法监察工作的通知》（即"71 号令"），规定当年 8 月 31 日是协议出让经营性土地使用权的最后期限，在 8 月 31 日之前，各省区市不得再以历史遗留问题为由采用协议方式出让经营性国有土地使用权，之后所有建设用地都必须通过"招拍挂"的形式进行出让。该文件还规定，2004 年 8 月 31 日以后，开发商必须及时缴纳土地出让金，而且如果在两年内不开发，政府可把该土地收回。这一影响深远的政策被房地产业内简称为"831 大限"，并被视为是中国地产界的"土地革命"。

预期，土地价格也开始飙升，市场上开始出现"地王"，就连彼时在北京楼市中呼风唤雨的潘石屹，都曾摸着光亮的脑壳，说看不懂看不懂。后来，他发明了"面粉贵过面包"这个形象的说法。

绿地所具有的，不仅是上海滩头把交椅的气魄，还有上海大商人惯有的精明。面对摆在眼前的土地、项目，"北上特遣队"的成员们，几乎都认为算不过账。

到了 2005 年上半年，局势风云突变。当年三月，国务院办公厅下发《关于切实稳定住房价格的通知》，即著名的"国八条"，开启了全局性房地产调控的起点。紧接着，"新八条"、"25 号文"等文件频频下发，从信贷到土地，再到规划、建设甚至销售，所有地产开发相关链条上的环节均被收紧。

所有的房地产企业都感到了阵阵寒意，而处在高速扩张阶段的企业受影响尤为严重。期间最著名的失败案例，是孙宏斌所领导的顺驰。2003—2004 年，顺驰走出天津，以狂飙突进之势在全国范围内拿地，其从竞拍土地成功，到规划设计、进场施工、开盘销售取得现金回流的时间，通常都能压缩在 6 个月之内完成，资金的流转速度令同行瞠目结舌。凭借高杠杆高周转的能力，顺驰"小马拉大车"，规模迅速放大，数次表现出挑战行业龙头万科的野心。然而，将资金链紧绷到极致的代价是，当宏观调控之手强行令房地产市场降温，在资金的供需两端同时施加压力时，再无腾挪空间的顺驰旋即陷入危机。2006 年 9 月，孙宏斌为了挽救风雨飘摇的顺驰，被迫以极低的代价出让股权，黯然出局。[①]

在对待扩张速度和资金使用效率上，张玉良的态度和孙宏斌极为相似，但与顺驰热衷于在全国各地制造"地王"相比，绿地在项目利润测算上更为审慎，尽量回避高价拿地，或许正是这一点差别，使得绿地幸免于顺驰的"覆辙"。尽管如此，这次全局性、长时间的宏观调控，仍然令绿地出现资金链紧张、运转吃力的情况。在这一背景下，绿地收缩阵线，进京大计也不得不暂时搁置。

这一轮宏观调控放松之后，房地产市场开始复苏，随即又走出了加速上扬的趋势。2006 年，土地市场上又开始频现地王，北京商品房的均价超过了上海。经历过 2005 年风暴的张玉良对利润和现金流两个要素的重视程度已然升级，绝不主张拿"地王"，对于北京市场，他又一次选择了按兵不动。

难道，开拓华北的计划又要无限期延宕了？

张玉良并没有放下对北京市场的渴望，他只是在等待一个合适的时机。对于在 2004 年收入还在百亿左右时就喊出"进军世界 500 强"的绿地而言，首都北京是一片必须攻取的高地。

---

① 吴晓波 . 大败局 II[M]. 杭州：浙江大学出版社，2013.

农村包围城市

2007 年 9 月 6 日，对于后来的绿地京津冀人而言，这是一个应当被记取的日子。在这一天，张玉良签发文件，宣告了绿地京津冀的正式成立，它的第一个名字是"上海绿地集团京津房地产事业部"。这个事业部最开始的团队只有寥寥数人，他们之中的一些人伴随着绿地的快速发展而迅速成长为肩挑重任、领导一方的管理者，另一些则在漫长的历史中出于种种原因而做出了迥异的选择。但无论如何，正是这些先驱者，在激荡的岁月中，在空白之地上，为绿地京津冀打下了奠基之锤。

2007 年的北京楼市，还处在高烧不退的状态中。有媒体这样形容道："2007 年，是无数开发商为之癫狂的一年，房价飙升，到处抢购，仿佛盛宴永远不会结束，酒醉永远不会醒来。2007 年，是地王频出的一年，一两倍的溢价率简直稀松平常，三五倍也并不罕见，只要买了地，钞票总是赚不完的……"[1]但对绿地来说，这种癫狂绝不是什么好事。由于集团对利润考核的严格控制，事业部根本不可能去市场上和杀红了眼的同行争夺高价的土地。

---

[1] 鲁欢, 赵丽萍. 昔日繁华今何在 2007 年北京地王调查 [EB/OL]. http://han.leju.com/30/2009-08-14/11923.html

不过，事业部的先行者们并没有因此放弃努力。他们想到，如果暂时打不进北京，能不能在北京周边找一些机会，撬开这个市场，从而熟悉情况、锻炼队伍？后来，事业部第一任副总经理罗晓华（现任绿地集团澳洲公司总经理）开玩笑地把这种战略比作"农村包围城市"。

也就在这时，一个机会出现了。一家北京的文化公司找到绿地，希望合作开发一个文化城概念的项目，打造融"影视、音乐、艺术、传媒"为一体，综合了产业功能和旅游功能的现代园区。对方许诺将负责文化类产业的引入，希望由绿地负责进行房地产板块的开发。这个项目位于天津蓟县县郊，与北京、天津市区甚至蓟县县城都有些路程，预计地价不会太高，而且在建的京平高速将穿过项目附近，因此区位未来的交通条件、相关配套肯定会日趋成熟；另外，项目所在地紧邻 5A 级盘山风景区，风景优美，历史底蕴深厚，十分切合项目的定位；更重要的是，当时的天津市政府正在积极推动产业结构转型，希望大力发展文化旅游等低污染、低能耗的现代服务业，这样的项目显然正是政府所欢迎和倡导的。

这是事业部第一个有望落地的项目，而且是一个可供开发面积很大的大盘项目，为推动项目尽快落地，绿地表现出了极大的诚意。张玉良、陆新畲、张蕴等集团领导亲自出马进行前期接洽，事业部其他成员则全力以赴，做好具体工作。

2008 年 1 月 28 日成了绿地京津冀具有奠基意义的一天。这一天，绿地以 1.91 亿元的价格拿下位于天津蓟县许家台乡田家峪村北侧宝平公路东侧的地块共计 1586 亩，也即绿地盘龙谷一期开发用地。在获取这幅土地的同时，绿地还与当地政府在周边 28 平方公里的广袤土地上做了一个宏伟的文化产业发展规划（即今天的"盘龙谷文化城"），可开发土地面积达到 10 万平方米，项目总投资预计将达到 300 亿元。即使以今天的目光来看，这仍然是一项雄心勃勃的宏大计划。

事后复盘，以盘龙谷作为自己的开山之作，绿地京津冀无疑选择了一条至为艰险的道路。尽管因为地处荒山、远离繁华，购地的费用很低，但由于交通状况不便、地质结构复杂、气象条件不佳等因素，这里的开发难度远远大于常规的城市建设用地，总体的开发成本并不低；另外，尽管风景优美，但当时盘山区域实在太过荒凉，所有的配套都不完备，冬季还有可能因大雪封山而阻碍交通；况且，这个项目是否能够引进大体量的文化旅游产业也尚存未知之数。上述这些因素都将影响产品销售的速度和价格。开发本身存在巨大的不确定性，而成本与销售又将两端受压，这意味着在未来漫长的开发过程中，可能潜藏着无数的拦路虎，每一只拦路虎都有可能使得这个庞大的开发计划毁于一旦。

但这一切并没有迟滞绿地人的脚步。是初生牛犊不怕虎也

好，是明知山有虎偏向虎山行也好，草莽时代的绿地京津冀，
怀揣着一腔澎湃的热血，凭着对美好未来的无限憧憬，毅然决
然地一头扎进远离京城的盘山之中。

"开凿地球"

生活在北方的人们，大多知道盘山。这是北方少有的一处
风景名胜之地；盘龙谷天然的谷底形态，景致宜人、雅趣横生，
易于营造立体化的空间布局。谷内山林环绕、空气清新，空气
质量达到国家一级标准，翠屏湖水达到饮用标准。

按照当地的传统说法，盘山也是龙脉所在。"形无定向势如
龙"、聚气藏风的风水命脉让盘山自古享有盛名，为历代皇室观
光之地。皇室到此地"始于汉、兴于唐、盛于清"，自东汉始，
唐、辽、金、元、明、清等历朝皇室在此大兴土木，劈山建寺。
清乾隆年间，乾隆皇帝 32 次亲临盘山，诗作 1700 余首，并发
出"早知有盘山，何必下江南"的感叹，传诵至今成为佳话。

但当绿地的开发者们风尘仆仆地赶到，他们却看到了盘山
的另一面。

2007 年 11 月，一直在国企上班、长期过着"清闲日子"的
杨文红，成为正式入职到事业部的第一个普通员工，负责盘龙
谷项目的出纳工作。如今回忆起第一次去现场的时候，她仍然

印象深刻。

"哪是什么旅游胜地，分明就是荒山野岭"，第一次到达现场后，她有点懵。那时项目尚未命名，大家称之为"920"地块，该地块位于许家台镇，被宝平公路一分为二，旁边是当地的采石场。因为长年开采石灰岩，一座秃山上满目疮痍。往外运矿石的载重卡车早已将此段公路破坏殆尽，路面坑坑洼洼颠簸不堪，而且因为长期采矿烧灰，路上都是半尺的灰土，只要一过车就准能掀起一场"沙尘暴"，而后车就只能在飞扬的尘土中艰难突围。公路两侧是斑驳陈列的居民住房，无论是树木还是人，都是无一例外的满面尘灰。灰色，是这里的主色调。

合作方也有着和绿地一样的心理感受。上海尤安建设设计有限公司董事长余志峰回忆起第一次到现场看地的情形时，仍然不住摇头。"心里很失落，位置实在是太偏了"，而且路况太差了，"来回一趟，车上、车厢里全是灰"。陪同他一起看地的罗晓华似乎淡定得多，也就是在那一次，罗用"农村包围城市"的玩笑来纾解他的不安。

当时的交通也极为不便。今天从北京东五环附近上到京平高速，不到 1 小时就可以直达盘龙谷的高速出口；但那时从北京出发，需要先上京沈高速，转津蓟高速到蓟县县城，再从城区行驶近 20 公里到许家台镇，最后再从镇上转到"920"地块，总时长通常在三个小时以上。而且，从县城到项目地块需要动用越野车才能穿小路、翻山头，有时遇到大雪封山，更是寸步难行。

在这种交通条件下，工作组无法住在城里正常通勤，只能在项目地驻扎下来。但由于当地没有任何商业配套，初期人员较少时也不可能专门建设驻地，于是，前期工作人员都只能与当地村民同吃同住。更糟的是，项目所在地块是标准的"生地"，三通一平①都没有做，也没有信号。大家打个电话需要去10公里外的平谷城区，电视机只能接收到3个频道的信号——即使是这样的电视机也只有一台，因为初期用电靠的是村里的民用电，带不动太多的电器。

什么条件都没有，面对的只有蛮荒一片的大自然，拓荒者们苦中作乐地将开发盘龙谷称为"开凿地球"，形容其艰苦卓绝的背后，却也不乏战天斗地的豪气。就在这样艰苦的条件下，绿地人自力更生，从无到有，改变了这里的每一寸土地。

首先需要解决的是用水问题。项目现场属于山区，没有通自来水，这使得绿地人的工作与生活都遭遇最基本的挑战。为此，拓荒者们便与水务局反复沟通，请他们来做地质勘探，在不同的地方打井、找水源。在山区找水井并不容易，因为供水管线的设计没有加泵，都是根据常高压输送，所以选井位置非

---

① 三通一平：基本建设项目开工的前提条件，具体指：水通、电通、路通和场地平整。

常关键，为了找到水源，绿地打过上百口井，才解决了用水的
难题。

其次，由于盘龙谷是 5A 级景区，项目工程原则上要求污染
零排放，即便必须排放，也要经过处理。由于当地的污水处理
厂没有建成，绿地只能自己上污水处理系统，处理达标后排到
市政排水管线中，以保护当地原有生态系统。

项目用电也是横亘在绿地面前的一个重大难题。由于输变
电系统没有拉到山区，为了解决项目的用电问题，绿地必须自
行修建一座 11 万伏的大型电站。然而，由于选址迟迟未决，电
站修建计划被迫延后，期间只能从下游其他电站引电。而在市
政路没有修建完毕之前，想要引电就必须建电线杆。建杆、拆
迁、补偿当地的村民，这些都是建设盘龙谷带给绿地的附加命
题。村落、山野里遍布绿地拓荒者的脚印，才迎来工地闪亮的
明灯。

水、电之外，市政燃气未通也一度让开发者们为之挠头。
为了保证一期工程的交付，绿地专门留出一块地给燃气公司，
搭建临时燃气站。但别墅的入住率低，燃气使用率也就不高，
燃气公司自然没有积极性。事业部通过持续的沟通协调、讨论
汇报，最终获得了对方的支持。燃气送进了业主家中，美好生
活即将开启……

拓荒者并不惧怕条件的艰难。在盘龙谷的项目开发过程中，

项目总经理王靳身体力行，每天很早就来到工地，与同事们一起勘察施工现场，协调施工中的各种问题，以保证整个工程进度和工程质量。特别是在刮风下雨等不利于施工作业的天气，整个班底更会以身作则地盯在现场，确保工地和工人的施工安全。为了调动工作人员的积极性，让大家在偏远、枯燥、艰苦的盘龙谷安心工作，王靳不仅积极向公司申请福利补贴，还组织各种活动丰富员工的文化生活，让大家在艰苦工作之余，也拥有释放压力的途径。

争分夺秒

齐丽娜入职时，主要负责盘龙谷项目的前期工作，办理各种证照手续。在正式入职的前一天，也就是 2008 年 1 月 14 日，齐丽娜跟随绿地领导见了天津市副市长。这让她暗自"窃喜"，因为只有在大公司才会有见到高级别领导的机会。但她没想到的是，能见大领导的自豪感马上就被紧锣密鼓的海量工作给淹没了。

房地产的前期开发工作大致相同，在获取土地之后开始准备前期的勘探设计，然后把设计成果拿到各个部门去报审，如发改委、规划局、建委、房管局等，必须要拿到土地使用、用地规划、工程规划、施工、销售等相关许可证照，为此所需要的资料如果堆积起来的话就是"一座小山"。因为盘龙谷属于天津市的重点工程，很多手续变得更加繁复，审批的相关部门也更多，对于组建不久、人手较少的前期部门来讲，工作压力非常大，工作节奏非常快。

为了尽快拿下前期手续，她和同事们每天早上七点多动身，去各个政府部门提交材料、对接手续，晚上一两点钟整理各种汇报审批文件更是家常便饭。因为只有前期手续报审效率高，其他部门才能够继续开展相关工作，加快项目开发进程，早日进行市场销售，让事业部收获业绩和回款。看似很小的工作，却是牵一发而动全身。有一个小细节至今令她记忆犹新：有一天，她为了办土地证的事和政府部门反复沟通，终于取得了对方的认可，但还需要盖上章才能将证领出来。当时已经是晚上十点多，按照常规，只要第二天去土地局领证就可以了。但是第二天公司要将土地证拿去做融资，如果出证时间晚了，融资相关事宜也会向后推。保险起见，她和同事联系到了土地局的工作人员，把对方从家里接到了土地局，请他在土地证上盖章，确保当天就拿到了证。

经过上下一心的共同努力，政府各部门的配合支持，盘龙谷项目非常顺利地拿到了相关手续，齐丽娜回忆说："这种顺利，是用争分夺秒排除一切困难换来的。还记得入职一年后领导把我叫到办公室，说给我涨工资，涨得还挺多，我一下子就哭了。因为这不只是钱的事儿，这是一种认可，觉得自己有价值了，之前的各种委屈瞬间都没了。"

　　绿地的前期工作效率是蓟县的各个房地产项目里最高效的，同行也经常向这个团队竖起大拇指。其实当时，事业部刚刚起步，对当地的熟悉程度有限，资金、团队、经验等各方面建设都不是特别完善，内外部条件并不好。但是，经过多年的高速发展，拼速度、要结果已经成了绿地人普遍的自觉，即使是初入绿地的新人，也会被"两个永不"、"背影效应"这样的企业文化所感召，很快进入到高标准快节奏的工作状态中去。多年之后，回想创业年代的艰辛与满足，这些员工不管是否还留在绿地，都会由衷地感叹道："绿地确实是一家很有企业文化的公司。"

特殊的山地考题

　　"不破坏盘龙谷的自然环境，尽量保持原有的地形地貌"是当时开发盘龙谷项目的基本原则，这种因地制宜的思维模式贯穿在整个项目规划和设计工作中。今天，绿地已经打造了中式、法式、意式各种不同建筑风格的高端住宅建筑集群，从外部各个视角看，这些建筑和大自然交相融合，连绵起伏，十分美观。习惯了水泥森林的都市人，初入盘龙谷定会被这些山林间的禅意所吸引。不过，很少会有游客想到，在八九年以前，这里还是一片荒山野岭，特殊的山地形态带给了绿地的建设者们许多难以预见的困难。

现在已经是京津冀事业部总经理助理兼技术部、运营管理中心总经理的许茗劼在绿地工作已经快 10 年了。毕业于清华大学建筑系的他，见证了事业部从零到一的发展历程。他入职时是技术部经理，上班第一天便被派到盘龙谷项目。一路颠簸之后，许茗劼几度怀疑自己是不是选错了地方，而等看到项目现场的作业情况后，更是倒抽一口凉气。但是时间紧任务重，没有时间抱怨和等待，他只能立即驻扎现场，还跟工人们在简陋的工棚挤了几个晚上。不过，事后想起，这却是最难以忘怀的回忆。初来乍到的陌生、团队之间的磨合、山地开发的艰辛，最终都成为了这个团队的宝藏。绿地不是一个虚幻的概念，正是无数个团队和个人细微的成长，共同组成了后来名扬四海的世界五百强企业。

在盘龙谷项目中，由于山地地形复杂且坡度很大，设计和施工的难度倍增，多名设计师都要长时间驻扎在现场，对每一个标高、每一张图纸进行反复确认。有些设计图出来之后，在施工阶段发现地质、地形不支持原方案，还得回头重新修改规划和设计方案，再到政府部门进行审批，例如最早的古根海姆别墅，本来规划修建 32 栋独栋别墅，连营销广告都打出去了，可是受山地结构的影响，有 2 栋别墅无法修建，只好再次向政府变更规划，诸如此类的情况实际上不止一二。

还有一些情况则根本不能通过变更规划来解决，只能硬着头皮想办法、做试验。比如，盘龙谷的地质属于风化砂石，石头强度弱，一遇水就会变成粉粒状，因此必须填平土地，夯实 10—20 厘米的地基后再建房。由于地块的沉降难以控制，工程师提出了一个最笨但是最稳妥的办法——直接在山上打桩固定。但这就好比在石头上钉牙签，比想象中还要难。在不断的求教专家、研究论证后，选择了强夯的方式来解决这一难题。结果七吨重的锤子一夯下去，就把大家吓坏了：木桩被打得不知所踪，连锤子都掉了下去，被夯的地方形成一个直径大概 15 米的大坑。经过无数次的失败与重来，才最终解决了山地上打桩的技术难题。

为了应对暴雨造成的泥石流，绿地还曾与勘察院合力对整座山进行地质勘探，并着力通过各种手段来应对地质灾害，比如通过土壤混合来改善土质，增强保水率；在山体上种植大量植被来帮助稳固土壤。同时，还在关键位置挖了一个巨大的坑，这个大坑可以存储两百万立方米的泥石流，给避难预留足够长的时间。后来经过专家论证，这些预防措施都很有效。

凡此种种的考验，实可谓不胜枚举，但在开拓者们的辛勤汗水之下，盘龙谷的"山地考题"被绿地的开拓者们一一化解，拦路石最终都成为了垫脚石。

艰难困苦

18亿元，是2008年绿地集团下达给京津冀事业部的销售任务目标。但这个数字在当年11月的时候，依然是一个尴尬的"0"。造成这种尴尬的直接原因是，事业部2008年才刚刚取得土地，而项目开发是有其正常周期的，在此之前，事业部根本无房可卖。而更糟糕的是，美国次贷危机在全球范围内造成的经济衰退，在拖累中国经济增速的同时，也严重打击了人们的信心。全国范围内，房地产交易量直线下坠，楼市迅速从过热转为冰封。如果以"0"的成绩结束2008年，对事业部而言未免太过难堪，更对不起开拓者们一年来的辛苦付出。陈志华与团队商量之后，决定一定要抢在年底前将盘龙谷项目开盘销售。

经过一段时间的紧张工作，所有相关手续已经准备完成，但售楼处和样板房还没有搭建好。售楼处和样板房是开盘的"主要阵地"，必须得像模像样才行。可是，隆冬的华北大地已经是一片肃杀，藏在深谷中的盘龙谷温度比市区更低，当时已是零下十多度的冰天雪地，施工极为困难。但军令如山，不容推诿，事业部的工作人员们二话不说便一起上阵，与合作方连续多日进行抢工搭建。

到了开盘前一天的大半夜，搭建工作还没有完成。暗夜中寒风如刀，众人饥肠辘辘，实在没有力气继续赶工了。这时有人提议先吃点东西再接着干，可盘龙谷附近偏僻荒凉，什么餐馆超市都没有，这小小的要求竟成了奢求。士气可鼓不可泄，立刻就有两名员工站出来，主动承担起收集食物的"重任"。这两名员工开着车往北京的方向走，沿路搜寻各式各样的小卖部，买下了所有能够充饥的食物，最后一共收集了 100 多个面包，带回来分给众人。大家匆匆果腹之后，又投入到工作中去。

直到后半夜，搭建工作终于完成，仅剩现场清理工作。可是，当时天气实在太冷，水管里流出的水瞬间成了冰碴子，根本无法将地面冲洗干净。于是，"买面包小分队"又一次顶着寒风赶回那些小卖部，买下所有的食用盐，撒到地上让冰快点融化……天亮之前，精疲力竭的人们终于完成了所有筹备工作。

值得欣慰的是，这样"置之死地而后生"的拼搏取得了一定的效果。虽然开盘略显仓促，但时任营销总监李蓟带领的团队对项目的定位比较准确，瞄准的群体是都市文化素质和收入较高的中产阶级（如大学教授、海归人士、文化艺术界人士等），并针对这些目标人群做了一些预热；而且项目一期开盘的产品平均面积不太大（别墅的主力面积大约为 200 平方米，此外还有 100 平方米左右带庭院的排屋），总价相对不高，而产品概念又能有效借力盘龙谷的自然环境优势和文化氛围。正是因此，盘龙谷在"逆势、逆市"的情况下开盘，完成了四十多套别墅的销售，当属奇迹。尽管总金额离集团当年的销售指标还差得很远，但对于事业部而言，这来之不易的第一步，就仿佛是一针强心剂，让他们坚定地相信，只要踏踏实实地付出努力，未来一定会更好。

不过，总体而言，盘龙谷初期的销售工作还是非常艰难。除了整个市场环境萧条的背景因素之外，项目天然的劣势——区位偏远、交通不便和配套不完善对销售的影响也终于显露出来。尽管当时的销售人员纷纷发挥主观能动性，将京津两地的目标客户组团拉进盘山，为他们讲解规划图和样板房，但这些客户面对着泥泞的道路和荒僻的山野，始终不愿意相信绿地会将它变成规划图纸上清新秀美、自然风光与人文气息水乳交融的"文化城"，甚至还有人抱怨说："这么好的山，怎么被你们给削成荒山了？"绿地的销售人员听在耳中，心里很不是滋味，但彼时的绿地尚未如今日这般蜚声全国，在华北更是一枚新兵，缺少可资证明的战果，只能将委屈暗暗咽入腹中。更雪上加霜的是，在盘山景区入口、盘龙谷项目的必经之地，有另一家开发商的项目也已开盘，而这个项目的地段明显更好，有时绿地好不容易拉起一个看房团，倒有一大半是为人作嫁。

天时、地利均不理想，而竞品又虎视于侧，这就是盘龙谷销售初期面临的尴尬景象。2008 年，尽管盘龙谷的开拓者们呕心沥血，但最终的销售业绩却只有寥寥数千万，与目标相去甚远。"第一年就别说年终奖了，没倒扣就算不错了。"亲历者如今说起这段往事，只是一笑而过，笑声里有一丝时运不济的遗憾，更多的却是无愧我心的骄傲与通达。

一飞冲天

蝉在成虫之间，要以蛹的形态在地下蛰伏多年，直到羽翼丰满、气候适宜，它才褪去蛹壳，冲天而起。

此时的京津冀事业部，也如地下的蝉蛹，正在地产的寒冬中蛰伏。冷静观察，苦练内功，一切都只为冰雪消融、艳阳高照时的那一次振翅，那一声蝉鸣。

出乎意料的是，预计中的长冬很快就过去了。为了应对经济危机，中央政府迅速调整方略，开始实施积极的财政政策和宽松的货币政策，希望以此来激发经济活力。受此带动，固定资产投资增速迅速拉起，房地产市场也逐渐转暖。从 2009 年起，事业部的销售业绩开始直线上升，从领导到基层员工，大家都有了拨云见日的感觉。

不过，由于盘龙谷地处偏远，产品也以别墅为主，不属于刚需特性，这意味着外部环境虽然已经转暖，事业部的销售人员仍然要充分发挥自己的聪明才智，主动向市场、向潜在购房人群展现自己的产品，才能实现销售目标。

现在已是绿地天津城市公司综合管理部总监的杨译钧对此感慨颇深。2011年，他刚被调到销售部门不久，就创造了盘龙谷项目单笔销售冠军：一个客户一天付清3500万全款，购买了两套独栋别墅。

这次成功的销售肇始于一个偶然。这名客户本来并没有特别强烈的购楼意愿，只是在驱车前往平谷的高速路上，恰巧看到了盘龙谷的户外广告牌，便打了一个电话前来询问。接过电话的杨译钧热情周到，向对方做了简明扼要的介绍，一下子激起了对方的兴趣。放下电话，客户很快就赶到了售楼处。尽管这名客户着装随意，看起来并没有什么"大老板"的气派，在交流时反应也不多，还常常带有一种不置可否的表情，但杨译钧并不在意，仍然细致地向对方介绍每一套别墅的特点，并通过闲聊了解了客户的家庭成员组成和实际需求。通过这些信息，杨译钧从对方的需求出发，提供了颇具可行性的建议。诚恳而有针对性的交流渐渐打动了客户的内心，对方也从随便看看、随便听听，转变为认真看、仔细听、追着问。最终，在夜幕降临的时候，对方终于拍板，全款购入了两套别墅。

事后来看，这场成交似乎并没有什么特殊之处，但背后是包括杨译钧在内的每一个销售人员的不懈努力。在他们眼中，这些钢筋水泥的巨型建筑并非冰冷而无知觉的物体，而是需要倾注心血、投入关切方能洞悉其性情的朋友。因此，只要一有空闲——哪怕是挤出来的时间，他们都要围着这些房子打转、观察、讨论，将每一套别墅的海拔高低、花园大小、户型结构等诸多要素记得一清二楚，甚至对每套别墅在什么时段的采光下能取得最佳的观景效果，都了然于胸。惟因如此，才能精确匹配潜在客户的需求，完成销售，实现多方共赢。

而在销售部门的努力下，从 2009 年到 2011 年，盘龙谷项目每年的销售业绩均能保持在七八亿元左右，为绿地在京津冀地区的壮大做出了自己的贡献。

久酝成佳酿

盘龙谷是绿地首入华北的奠基之作，绿地京津冀深知，这个项目运作的成败，关系到绿地品牌在华北能否扎下根来，因此其投入几乎是不计成本不算利润，只求先做出名堂、"亮出招牌"。从起初的基础设施铺建，到规划反复调整、攻克各种山地难题，再到产品的创新设计和运营资源的匹配，事业部在所有环节上均全情投入；加上盘龙谷项目面积大，开发时间长，资金周转慢，事实上直到今日，该项目在盈利上仍然难言成功。

于是我们不得不面临一个诘问：从商业上来看，盘龙谷似乎不是一个成功的项目，那么它对绿地京津冀事业部的意义何在呢？[1]

要解答这个问题，我们需要看看今天盘龙谷的模样。

在这片曾经荒凉的山地之中，绿地用了近十年的时间，引进了一大批优秀的合作伙伴，极大带动了区域的产业活力，还打造了古根海姆、漫山红墅、磐石坊、藏文绘馆、百年中国、乾逅院等涵盖国内外不同建筑风格的高端住宅建筑集群，又配有演艺中心、影棚、酒店、画廊、商业街、艺术馆、特色餐厅、高端民宿等商业配套。绿地的项目设计团队利用地形布置建筑，通过竖向高度的变化及空间组合的有机变化，构成不同的组团，使小区组团疏密有致、错落变化。别墅筑于山谷之中、山地之上，百米海拔作为建筑之基，依山体肌理而建，与自然有机融合。建筑风格多样化，有法式宫廷、意大利式等风格，各种风格在不同区域形成风格多样的组团，通过规划和景观协调使得各种风格别墅和谐共处。

这其中，"中国国家画院盘龙谷创作基地"是最具代表性的一处建筑。该基地占地 58000 平方米，总建筑面积 11000 平方

---

[1] 我们会在后续的章节中讨论一个问题，即利润最大化是不是企业存在的主要目的，这里我们将暂时略过这个问题。即使以商业常识来判断，我们也应当十分清楚利润的重要性。

米，采用徽派建筑基调，设置了四个大面积的画室，最大的画室有 100 米长 30 米宽，是亚洲唯一一个可以创作百米巨幅画作的画室。另外三个画室面积亦达到 1500 平方米和 600 平方米，能够满足各种规格的绘画和书法等艺术创作使用，也可用作教育培训和行业沙龙。除此之外，还有七座徽派风格的围合式院落，每个院落设有 5 —7 间客房，以及小桥流水的前后庭院、会客室、餐厨房等，同时还配有供举办一些小型宴会使用的多功能厅、餐厅包房、茶室和 KTV。在这一创作基地，常常会举办一些文化艺术类的会议展览，同时也有许多艺术爱好者们聚集在此进行创作和会客交流，甚至专程来此"微度假"。人们漫步在白墙灰瓦的徽派建筑院落，品美食、赏字画，享受着自然惬意的慢时光。

另一处别有意境的风景则是 2016 年新推出的"百年中国"项目。这个占地面积达到 24.7 万平方米的多地块综合项目，总共规划了四个风格迥异的建筑群落，总建筑面积达到 6.37 万平方米。这其中有的是以清新优美的自然风光外景拍摄地，有的是雕梁画栋的徽派艺术风格别墅群，有的是朴素别致的海派里弄，有的是古典奢华的十里洋场。这些风格迥异而又别开生面的人文景观，不仅吸引了不少新富阶层来此休闲度假，更有不少剧组与影视机构前来取景或入驻，自然风光与人文景观在这里终得完美交融。

而随着文化产业的兴起、休闲度假的人流开始集聚，从前唯有夏季才能见到些许游人的盘龙谷，如今已是人气兴旺。为了方便人们旅居、生活，绿地又在这里规划建设了商业街、酒店、民宿，一座以文化为主题的小镇已经初现端倪。

这些，就是绿地的拓荒者们进入盘龙谷之后，在接近十年的时间里，通过不懈的努力所做成的事——曾经被怀疑的，正在跟着时间，蹑足而至。十年于天地只是一瞬，在人间却极为漫长。这十年中，山外的世界喧嚣震天，房企排行榜上的面目变幻无常，而冰冷的数字急切地跃升；盘龙谷文化城却如山中隐士，静悄悄地卧于此间，与一草一木共生。

与时间为友，京津冀事业部捧出的盘龙谷，已是陈年佳酿。而令人稍感意外的是，这个耗费了大量精力的项目，还令事业部提前数年，触摸到了新商业模式的大门。

这与行业发展的脉络紧密相关。1998 年，福利分房制度终结，商品房成为市场主角，在城镇化高速推进的背景下，在十余年的时间里，尽管房地产市场因政策的波动而呈现周期性起伏，但住房的供需关系始终向卖方市场倾斜。对开发商而言，几乎只要拿到土地，盖起房子，就准能销售一空，区别只在于随着市场冷热而上下波动的价格。

但情况正在慢慢地发生着改变。当城镇化达到一定程度，而人口红利渐渐消弭，供需关系正在悄然间重构平衡。房地产总体供不应求的时代已经结束，在无法吸引人口聚集的地方，"盖完房就能卖"将渐渐变得不可能。而要能吸引人口，则必然要有产业与生活的配套。由是，"产业地产"作为新蓝海，成为众多房企探索转型的方向，特别是"特色小镇"发展方向上升为国家意志之后，讨论声更加不绝于耳。

而事实上，对于绿地京津冀而言，盘龙谷就是这样一个以文化产业为特色的地产项目。由于项目的先天条件不足，加之市场条件不利，项目的销售情况并不理想。为了解决销售问题，事业部被迫探索产业运营这条新路（关于盘龙谷的产业运营，我们将在后面的章节中做更为详细的阐述），为此投入了极为可观的资金、资源和精力。而从今天的现实来看，我们不得不承认，这既是一条必经之路，也是一条有成功可能的道路——尽管它确实至为艰难。

抚今忆昔，曾经的"荒山野岭"已经被绿地的进驻彻底"改写"。如今各式风格的建筑鳞次栉比，人居与自然的完美结合，文化与娱乐产业的活力注入，已经让这个远离都市的文旅小镇渐渐开始展现活力。这也让所有参与过盘龙谷创业的人，都倍感自豪，也真正体会到了"前景是光明的，道路是曲折的"之深刻含义。

盘龙谷，这是绿地京津冀事业部的"井冈山根据地"，在这里，绿地京津冀插下了自己的第一面旗帜，为自己的发展壮大奠定了坚实的基础。不过，想要在华北大地上扎下根来，仅靠蓟县郊区一个大盘显然是不够的，绿地京津冀很快就踏上了新的征程。

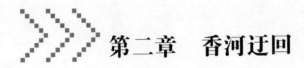

第二章　香河迂回

京畿问道，投石香河

2008 年，就在京津冀事业部破局蓟县，一头扎进盘龙谷的世外桃源之后，他们并没有把杀入北京的战略目标抛诸脑后，但进京的难度却比预计的还要高。2005 年就进入绿地，2008 年被调往京津冀事业部负责招商、拿地等工作的冷雪梅回忆起当时的情形，仍深有感触地说："在北京拿地实在太难了，绿地当时刚刚进入京津冀市场，没有什么知名度，人头也不熟。"在公开市场上和人家拼价格也不行，一是绿地自身的绩效考核要求控制拿地成本，张玉良本人曾多次强调，对每个项目进行规划时，都必须以盈利为前提；二是 2007 年土地市场经历了罕见的疯狂，到 2008 上半年虽然有所降温，但余威仍在，次贷危机对中国经济的负面影响还要延滞到下半年才彻底爆发，这段时间的土地价格整体仍然偏高。

在这种情况下，事业部又希望能够快速打开局面，尽快产生效益，就仍然只能在环京市场做文章。没想到，这篇文章做得还挺快，京津冀事业部马上找到了自己在环京市场的第二个突破口——河北省香河县。

香河县位于北京市和天津市之间，是廊坊市"北三县"之一。北三县（即三河市、香河县、大厂回族自治县）行政上隶属廊坊市，却在北京和天津的包围之中，是中国行政等级最高、面积最大、人口最多的省级区划间飞地。由于毗邻京津，北三县地区也成为河北省经济发展速度最快的地区之一，被河北省视为其"经济特区"，有"北京后花园"的美誉。而其中香河县则以其建材家具产业驰名华北，有京畿明珠之美誉。

绿地进入香河县的情景颇有一些戏剧性。根据《势在人为》一书的记载，绿地几乎是作为不速之客"闯进"香河的。当时，绿地的几位工作人员直接到香河县政府，通过招商局联系了分管副县长，又通过副县长找到县委书记，介绍绿地的实力和规划。香河县当时对加速发展抱有极高的期望，因此马上表达出了对绿地在当地投资的欢迎态度。2008 年 4 月，绿地正式进入香河并先后取得了四个项目，分别开发两个商品住宅项目、一个新农村建设项目、一个食品城项目。

尽管这不是在北京拿地，但还是让事业部颇感兴奋。后来，参与香河项目建设的一位技术部工程师回忆说："33 平方公里，上百万平方米，规划起来都很带劲！这样的开发蓝图足以当成一生的事业！"

然而，由于市场和政策不稳定、周边配套不完善等多种原因，绿地的多块土地全部开发的蓝图宏景在开发期间迭经起伏，有的顺利开发销售并交付，有的长期遭遇不利的政策而被迫延迟，但经过政策的调整和苦炼内功式的坚持，又渐渐回到正轨。这其中的起承转合，是过去政策与市场间相互适应相互调整的过程的真实写照，也为绿地在河北市场的逐渐成长提供了宝贵的经验。

不过，其中顺利落成的一个项目，则成为了绿地在华北大地上的又一个典范。京津冀事业部以此留名香河，更为日后大举进入河北市场奠定了基石，这便是位于香河县城西侧的商品住宅项目——"我家公坊"。

初创岁月，共克时艰

"我家公坊"是绿地集团旗下小户型精品住宅类产品的品牌，其定位是建设空间集约、精致、节能的国际化建筑类型。

"公坊"这一全新的建筑类型，响应国际上推崇的集约型节能居住产品的大趋势，提倡在相对小户型的空间内创造精致、完善及有效利用空间，给使用者高品质、精致的居住感受。香河"我家公坊"项目建筑立面以 Art Deco 现代简约风格为主，产品形态则是精装公寓，采用低密度、高绿化的组团式社区规划，此外还配建了 2 万平方米的内街式品牌商业及社区配套。在此之前，香河几乎没有这样规划与品质的楼盘，绿地的来临，可谓是领一时风气之先。

如李嘉诚所说："决定房地产价值的因素，第一是地段，第二是地段，第三还是地段。""我家公坊"在香河县所处区位也颇具优势：其位于新华大街与五一路交口，踞守进出北京的要隘，京沈高速在此设有"河北第一出口"——香河收费口，距北京 CBD 仅 1 小时车程；规划中的第二条京沈高速、通香快速路，建设中的北京"大七环"、涿密高速公路构成的完善路网覆盖项目周边。交通便利为"我家公坊"的内在价值加分不少。

2015 年以来，伴随着北京市副中心通州区的加速发展，与通州区接壤的香河县房地产开发热火朝天，处处动工，现房销售一空。虽然 2017 年调控政策下有所降温，但是香河的房价也已经是 10 年之前的数倍。

今天的火热，与七八年前的冷清形成了鲜明的反差。大多数开发商都有过在城乡结合部开发的坎坷故事，不过绿地在河北的第一批员工的经历，依然颇具代表性。当年，项目所在地虽然离香河县城不远，但是彼时的香河县城面积小、发展相对落后，项目的配套也非常简陋，水电紧缺；尽管有直达北京的公交线路，但是班次少且路途遥远。一些住在北京、要去项目现场"开疆拓土"的员工，上下班需要两地往返，单程至少要花费一个半小时的时间，没有驾车的人下班后要打车回家，然后次日凌晨再起个大早，在九点前赶往香河，个中甘苦，实不足为外人道。考虑到员工每天长途跋涉的时间成本，事业部为有需要的职工准备了宿舍，虽然条件不如自家温馨妥帖，但确实让所有人都感受到了集体的温暖。

客观条件艰苦，绿地香河公司的员工反而因为"完成一个项目，改变一个城市"的愿景，在这片了无生趣的荒地上有了共同的梦想，进而拥有了"革命乐观主义"的精神。那时候，办公室主任经常从家打包自制餐食给项目地的其他员工；有私家车的人员还会义务载上顺路的同事，将其送回家。员工在生活工作上互帮互助，亲如一家。

生活条件上的艰苦，用精神和情感尚可暂时克服，工作上的困难则需要动用更多的脑力，付出更多的精力。在百业待兴的初创乱局中，责任心是重中之重，也是绿地"永不止步"的企业精神和"背影效应"的管理风格的直接体现。

据项目一位财务负责人回忆说，香河项目之初，有一位会计匆忙离职，离职时没有交接工作，导致所有的账目都非常混乱。当时的事业部财务总监没有简单地把这个烂摊子扔给下属去处理，而是花了将近一个月时间，加班加点，亲自参与把所有的资料捋顺、弄齐，然后把财务工作的制度规范起来。身为财务总监却这样身体力行、尽心尽责，令下属颇为感动，也不再斤斤计较于个人的付出与牺牲。后来，当这些下属自己成为部门领导，也习惯性地率先垂范，不是让员工听自己说什么，而是让员工看自己做什么。正是这样一级带一级的"背影效应"，让绿地风格变成了绿地文化，继而又让绿地文化变成了绿地基因。

适应当地，推进合作

绿地是进入香河的第一批全国性品牌房地产开发企业，这也从一个侧面说明了香河的房地产开发市场此前极为封闭，本地企业掌握着当地几乎所有资源，并对外来者有着天然的排斥心理和游走于法律边缘的竞争行为。绿地进驻香河以后，在所有的利益相关方关系处理中，都经历过漫长的磨合和适应，即使是水电气这样极为常见的基础设施配备，都有过与当地企业的反复交涉甚至尖锐对立，最后才能达成互信，形成合作。至今绿地人想起那些与当地各色人物反复博弈的过程，仍旧用

"斗智斗勇"来形容。

与金融机构的合作也并非易如反掌。房地产开发是一个重资产行业，对资金的需求量极大，资金的杠杆效应在房地产开发的盈利模式中也极为重要。因此，向银行申请开发贷几乎是每家开发商动工之前的必经之路，绿地也不例外。但是，在完全没有合作基础、绿地在京津冀地区的知名度和影响力也很有限的情况下，与当地银行之间关系的建立不仅需要时间，也需要投入更多的精力。香河项目的贷款，是绿地在河北区域进行的第一笔贷款，是绿地在河北区域开拓与银行合作的起步，一切都要从零做起。虽然金额不大，但是它对于河北区域公司在当地扎根的意义很大。

当时绿地在香河的合作银行的审贷流程是三批制，即需要经过香河县支行、廊坊市分行、河北省分行逐级报批。对于这个新战场，绿地上下都予以高度重视，并做了万全的准备。香河公司申请第一笔银行贷款时，事业部的领导为确保无虞，除了出席与银行间的业务会议，对于具体的工作也全力以赴，每次财务部的工作人员去报批，都由事业部领导亲自跟着。

审贷流程繁琐，需要时间必然不短，可项目的开发节点迫在眉睫。要有效加快审贷工作，必须做到沟通到位，避免无谓地浪费时间。对外的流程管理不像对内，依靠上对下的指令要求和企业文化的带动就可以实现，而必须要搞清楚合作方的工作流程及其要求，提升双方工作的有效配合度，此外亦需明确表达自身立场及诚意，为双方树立共同目标，潜移默化地驱动合作方加快工作进度。

以该次银行贷款为例，由于是三批制，事业部派驻的同事首先与县支行沟通达成一致。由于这一项目在当地还算比较重大，县支行的支持力度比较高，流程比较顺利。到市分行后，上级机构便进入了自己的审批节奏。为提高工作效率，事业部专门派员与市分行取得联系，了解在审批过程中还需要补充什么材料，并及时解答对方的疑问。对于市、省两级银行的审批机构来说，由于其不承担业绩压力，主要考虑的是贷款风险以及合规性，往往不太关心审批效率，拖延与反复是十分常见的。对此，事业部只能保持积极沟通，以引起对方的重视，同时以最快的速度对对方的意见形成反馈，建立起常态化与高效率的互动机制。

审批流程结束、取得授信额度以后，银行还会根据自身贷款规模进行放款安排。为了尽早取得放款，事业部的总经理陈志华多次主动给廊坊市分行的行长打电话，想尽各种方法催办。市分行的行长之前大概从来没有遇到过这种"急性子"的国企领导，忍不住问："你们真是国企吗？"在得到肯定的答复后，他用一种混合着不解与钦佩的语气感慨道："连私企的老板都没有你这么认真！"

在这种高度的责任心和执行力指导下，事业部各部门上下协同、彼此配合，让贷款审批时间较常规大幅缩短。2010 年 9 月份，也就是大约三个月后，绿地拿到了香河项目第一笔开发贷款，这个效率在当地实属罕见。

看似顺风顺水，整个贷款过程似乎不足为奇，但细细思之，涉及到大额贷款的工作，其推进的难度其实远远超越表象。绿地从陌生人变为值得银行信任的人，正是通过他们在细节上的努力较真、沟通上的有张有弛、流程上的保证效率，才获得了对方的认可甚至全力配合。而且，类似这样的事情所展现出来的绿地速度，让河北的合作伙伴们感受到了绿地的精气神，也让客户们隐隐看到了这家大牌开发商在河北的雄心——一旦河北有机会，绿地就能一飞冲天。

产品热销，快速反哺

"我家公坊"的开发建设工作顺利推进的同时，其销售也提上了日程。2008 年，事业部手中能够用来销售的项目只有蓟县"盘龙谷文化城"和香河"我家公坊"，加之当年正处于经济危机下的房地产行业"寒冬"，要通过这两个盘实现当年 18 亿元的销售目标，销售压力非常之大。

不过，好在"我家公坊"的产品设计非常过硬。在"我家公坊"推向市场之前，香河的楼盘基本都来自当地的开发企业，绿地是全国性的开发商第一个进入香河并成功推出项目的。相较当地原有的普通商品房，"我家公坊"的设计理念明显更有标杆意义和引领效应。许茗劼回忆说："这个项目分为两部分，一部分是高层，另一部分是别墅。高层是比较常用的 ArtDeco 建筑风格，相对比较成熟，不过带有强烈绿地的南方风格；别墅方面则有明显的创新，设计了'青蛙'和'蛇'两种合院式别墅，这个设计当时在香河绝对是第一名。"

有了比较好的产品设计还不够。今天的香河已经算是北京近郊，房地产业可谓热火朝天，但当年却还比较偏远落后，北京的客户容易觉得远，香河当地的客户购买力又有限。在这种情形下，大家都不免在心里犯嘀咕："住宅盖好了，卖给谁？"由于香河本身的市场容量比较小，而且绿地的产品定位在当地又比较高端（后来的开盘价格大约在 4000 元 / 平方米左右，比当地原来的房价高一倍），因此势必要引流一部分北京的客户过来购买。最后领导拍板决定，做食堂、开班车，政府暂时还没有做好的配套，绿地自己想办法来做，努力满足业主的核心需求。

2008 年底，"我家公坊"首期开盘。开盘之前，事业部实事求是评估了项目，提前进行相关铺垫工作，让北京的消费人群和绿地有了一定的认知。事业部总经理助理刘晓嵩，当时兼任香河公司总经理，他带领团队积极地在北京的媒体圈中推广该项目，收获了一批潜在客户，同时也为绿地在京津冀地区的品牌宣传起到了助力。事实上，虽然地处香河，但是项目的规划与品质被广泛认可，业界更是视为价值低估。在第一批项目开盘的现场，就有数十套房产被来自北京的媒体人认购。最终，首期 180 套房产开盘当日即售出了 100 套，为事业部当年的销售业绩做出了重大贡献。

在此之后，"我家公坊"继续保持着良好的销售业绩。尽管当时绿地还没有多余的预算进行专项营销推广活动，宣传多是依靠老客户带新客户来进行，但绿地的销售人员们凭借其职业素养，兢兢业业地推动着项目的销售工作，其间也不乏积极挖掘客户需求、以热情周到的服务拿下订单的优秀案例。正是由于产品设计的领先、质量的过硬，以及销售的全心投入，"我家公坊"最终大获成功，不仅吸引了许多来自北京的投资客，也吸引了许多当地的核心中产阶级（如企业中高层、公务员等）置业、入住。

刘晓嵩后来回忆说："现在回过头去看，'我家公坊'这个项目不算大，中间的波折也很多，但它有两个重要的意义。第一个意义是，这个项目是绿地在环北京区域做的第一个城市商品房项目，而且不管是产品本身还是销售的结果，都非常过硬，这一下子就把绿地的品牌亮出来了，大家再也不会把绿地和绿城混为一谈了；第二个意义是这个项目给事业部形成了很多的资源支持，当时集团对事业部的要求就是自收自支，事业部在拿北京第一块地的时候，资金压力是非常大的，而'我家公坊'加上盘龙谷的销售回款，对事业部在北京的拓展起到了非常重要的支持作用。可以说，如果没有环北京两个项目的'练兵'和'支援'，事业部在北京的开拓可能会遇到更大的困难。"

土地风波，守时待机

2011 年前后，香河有一场影响不小的"土地风波"，甚至造成了当地官场的巨震。这场风波的起始，是在 2008 年经济危机的背景下，国土资源部提出了"保增长保红线"的改革方向，要求在坚守 18 亿亩耕地红线的前提下，有效保障扩大内需项目用地。按照"双保"的精神，河北省国土资源厅随后采取了一系列宽松政策，如将城中村集体建设用地的征用程序，由省厅审批改为下放至市、县国土资源局负责审查。在这场改革中，香河县审批了大量以新农村建设为名的农用地转建设用地，但其中有些用地审批存在违法违规，而且执行过程中，还存在"以租代征"侵犯农民利益的现象，并引致了当地村民的集中信访，甚至引发了群体性事件。2010 年底，国土资源部等多部门联合办案，对香河违规用地情况进行彻查。

　　彻查之后下达的政策相当严厉——在香河所有与新农村建设相关的项目，不管是否在建，两年内不许动工。这一禁令使得在香河合规合法取得项目的绿地也被迫停工。对于开发商而言，真是一寸光阴一寸金，有时候一两个月都能够决定项目盈亏，更不要说是两年。但鉴于明令已出，家家开发商都如此，一向崇尚快开发快周转的绿地，对此也无可奈何。因为这个事件，事业部甚至被迫精兵减员，将部分人员调遣分配到其他项目上。

　　表面上看，绿地在河北已经陷入停滞阶段，甚至有被迫退出的危险。但事实上，绿地人一直在"做内功"。首先，事业部几个部门的核心人员一直在为项目的重新动工做准备，规划、房价判断、市场调研、招商客户等工作也没有停，事业部的领导还亲自把整个回迁区的图纸挂在墙上，与几个部门的负责人进行讨论，商讨项目的规划问题。其次，集团始终给予香河项目以莫大的支持。那时一度有传言说绿地已经退出香河市场，香河公司内部也有不少员工陆续离职，一时间颇有些"山雨欲来风满楼"的窘迫。为了挽回项目，张玉良总裁亲自去了几趟香河，一方面亲自帮助事业部做工作，另一方面也是为员工提神聚气。还有员工担心地问当时的香河公司总经理："咱们的项目不会变成烂尾楼吧？"他得到的是铿锵有力的回答："你放心吧，绿地不会让它变成烂尾楼，就是亏本也要把它做完。"正是这种来自领导层的支援和承诺，让坚守的员工有了信心，和公司一起度过了最为艰难的岁月。

多年之后，伴随着政策的重新调整，以及事业部新任总经理欧阳兵与当地政府的多方沟通与磋商，被暂停多年的项目终于陆续复工。如今，国宝 21 城、潮东新村的工地上又有了往来穿梭的施工人员与车辆；食品城的招商工作也已经热热闹闹地开展起来，通过与"无界商圈"的合作，事业部将在香河食品城引入上百家的食品连锁品牌，供投资人线下参观了解，同时还将引入各类"食品体验馆"，形成微度假的体验内容，共同构建完整的"食品城"概念。

再回首，香河项目留下的不仅是一片建筑。在危急关头，从集团领导到普通员工上下一心，从事业部领导到各部门互相提携帮助，这是一笔激励人心的精神财富，最终既成就了项目，也成就了参与过项目的每一个绿地人。

守望梦想，静候繁华

让我们将时光的指针调回到 2008 年底。

这一年是事业部成立的第二年，也是项目开发落地的第一年。如果说 2007 年，事业部的主要任务是适应环境，尽快熟悉京津冀市场，找到好的开发标的的话，那么 2008 年就是事业部真正的开局之年。良好的开端是成功的一半，正如陈志华后来所说："所有事情开局是最重要的，就像下棋一样，好的开局对于及时把握相持阶段的主动权，进而在局中一举而胜，有着举足轻重的作用。"

然而，2008 年却不是一个适合开局的好年景。事业部在筚路蓝缕以启山林的同时，还要面对一个令人心悸的现实——经济危机正在蹑足而至。

当年，举世瞩目的美国次贷危机正在持续发酵。3 月，华尔街第五大投行贝尔斯登陷入危机，为了避免因贝尔斯登倒闭而对金融体系造成更大的动荡，美联储协调摩根大通以较低的价格完成了对前者的收购。当月，美联储还通过降息和允许联邦住房贷款银行系统增持"两房"①所发行的 MBS（抵押支持债券），试图稳定正在陷入雪崩的住房信贷市场，然而收效甚微。到了下半年，危机继续升级，9 月份，美国联邦政府宣布接管"两房"，随后，华尔街第四大投行雷曼兄弟宣布破产。

由于次贷衍生品的交易已经全球化，美国次贷危机给欧洲、日本等发达经济体造成了巨大的冲击，变成了弥漫全球的金融危机。虽然因开放程度有限，我国金融体系受次贷危机的直接冲击影响较小，但美欧日发达经济体的深度衰退和全球性

---

① "两房"即房利美 (Fannie Mae) 与房地美 (Freddie Mac)，是美国最大的两家住房抵押贷款机构。

的经济增长减速，对我国外向型经济造成重创。从 2008 年下半年起，我国外贸进出口额月度增速呈现逐月下降之势。当年 11 月，中国对外贸易形势进一步恶化，进出口额同比下降 9%，其中出口下降 2.2%，是 2001 年 7 月以来首次下降；进口下降 17.9%。12 月份，中国进出口降幅进一步扩大到 11.1%，其中出口下降 2.8%，进口下降 21.3%。①

外贸下降的直接影响是减缓了中国的经济发展增速，同时，市场对于不动产价格持续上涨的一致预期被打破，潜在购房者开始持币观望，楼市迅速入冬，多地出现了商品住房月度零成交的"极度深寒"。

2008 年 9 月，面对愈演愈烈的美国金融危机，时任国务院总理温家宝发出了"信心比黄金和货币更重要"的呼吁。当年 11 月，国务院紧急出台"进一步扩大内需、促进经济平稳较快增长的十项措施"（即四万亿计划），给中国经济打了一针强心针。

然而，宏观调控虽然可以对经济发展的趋势造成影响，但对泰山压顶的不利局面不可能起到立竿见影的作用。到 2008 年底，中国经济也好、房地产行业也好，仍然在低谷之中徘徊。

① 中华人民共和国商务部综合司 .2008 年中国对外贸易发展情况 [EB/OL]. http://zhs.mofcom.gov.cn/aarticle/Nocategory/200905/20090506218513.html

负面的外部经济环境给事业部带来了巨大的挑战。当年集团给事业部的销售指标是 18 亿元，但是由于手中只有蓟县盘龙谷和香河"我家公坊"两个可供出售的项目，且项目或是地处偏远，或是面积偏小，因而单位货值不高，故而尽管事业部上下齐心，各条线共同努力，到最后仍然只完成了九千多万销售额，指标完成率只有 5%。

在草创时期的艰难和不良市场环境的双重压力下，2008 年年底的事业部联欢会开得极为"惨淡"。和后来的数百人大联欢不同，这个联欢会的参会人员只有寥寥数十人，聚会地点也布置得很是简单。酒过三巡，担任联欢会主持的冷雪梅邀请事业部的一把手陈志华讲话，陈志华一言三叹，感慨万千："今天是我这一年来最轻松的一天，这一年过得非常紧张，也非常难！"一言既出，举座皆笑，笑中有泪。话虽如此，陈志华却依然表达了对未来的信心："但是，我们是一个有信念和坚持的团队，明年我们一定会打个翻身仗！"

回望过去一年的种种困难与挫折，用"紧张"和"难"来形容，已经是刻意轻描淡写的结果。在这种形势下，如果说所有人都斗志昂扬，毫无不安和疑虑，那一定是史书的曲笔修饰。但在那个难忘的夜晚，陈志华对未来的笃定是这群在惊涛骇浪中搏击的人们手中所能抓住的唯一一根稻草，而这根稻草就像一颗种子，悄悄落在人们心里，在无声无息间萌动、生长。

天津盘龙谷公司获得 2008 年度"优秀部门"荣誉称号

这就是梦想的力量。

然而，即使是最激进、最乐观的人也很难预料到，走过寒风刺骨的 2008 年底，绿地京津冀的荣耀之旅即将在 2009 年迅速启程。

中篇

荣耀

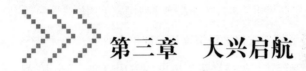

第三章　大兴启航

大转折

　　2008 年底，当京津冀事业部还在有限的阵地上绞尽脑汁，力图实现销售额 "0" 的突破时，中国经济正在遭受 21 世纪以来最大的一次考验。上一年，全国国内生产总值还在以 14.2% 的惊人增速大幅跃进，甚至引发了关于经济过热的担忧，当局不得不适度收缩货币投放，但这一年，肆虐全球的金融海啸拦腰截击中国经济这艘巨舰，在很短的时间内使得经济环境从过热变为过冷，进出口贸易额和投资增速节节下滑，渐呈失控之态。

　　通常，市场经济这只"看不见的手"具有通过引导价格来调节经济活动的功能，但"市场失灵"在某些情况下确实存在。当经济加速下行时，出于对经济前景的一致性担忧，经济主体往往同时选择收缩经营、减少投资，造成普遍的流动性危机，从而引发更大的灾难。正如约翰·梅纳德·凯恩斯所说："每个个体受理论上的亏损或盈利驱使，所做的恰恰违反了全体利益的期望。"[①] 他对此提出的解决方案是，主张国家采用扩张性的经济政策，通过增加需求促进经济增长，即扩大政府开支，实行财政赤字，刺激经济，维持繁荣。1929 年—1933 年，美国陷入历史上最严重的一次大萧条，随后美国总统富兰克林·罗斯福通过"罗斯福新政"使得美国从衰退中恢复过来，而罗斯福新政的核心正是反对自由放任，加强对经济的干预。

2008 年 11 月，面对外部危机的巨大压力，中央政府决心采用扩张性的财政政策来刺激需求，提出了加快建设保障性安居工程、加快农村基础设施建设、加快铁路公路和机场等重大基础设施建设等十项措施，计划到 2010 年底实现投资总量 4 万亿元。12 月，时任国务院总理温家宝赴上海调研，并与上海的企业家召开了座谈会，调研上海的经济情况。参加了这次座谈会的张玉良对温总理的讲话印象深刻，他意识到，面对这次经济危机，中央将采取断然措施，以保稳定、保增长为首要目标。

---

① ［英］约翰·梅纳德·凯恩斯原著，董丽娟等译．货币通论 [M]．北京：人民日报出版社，2009．

这意味着，2007年下半年以来的偏紧的宏观调控将彻底转向。未来，从政策导向的角度来看，扩张比收缩有利。

有了这个基本判断，张玉良开始在集团内部的会议中强调"做好迎接房地产市场回暖的准备"。在实际操作中，上海大本营成了绿地吹响反击号角的"急先锋"。2009年一季度，绿地开始与上海各区政府频繁接触，洽谈投资意向，并于二季度开始，在上海的土地市场上刮起了"绿地旋风"，大量竞拍和收购土地。后来的统计显示，绿地2008年在上海只拿了4块地，2009年则拿下了21块，几乎可以说是"冰火两重天"。

上海大本营的"夏季攻势"是一个明显的信号，在这种示范效应以及内部竞争压力的带动下，各事业部的经营思路开始由收缩转向扩张，拿地速度明显加快。

京津冀事业部当然也嗅到了"大转折"的气息。在此之前，志在进京的事业部在环京一带勤恳耕耘数个寒暑，但仅仅在蓟县与香河两个地处偏远的县级市场上取得了突破，这与集团对事业部的定位显然并不相称。为了进入北京，陈志华和同事们已经等待得太久了。

不过，摆在他们面前的还有一道重大的考题，这个考题的答案，或将决定事业部未来几年内发展的成败。

这个考题就是：到底要不要到北京的土地公开市场上参与土地竞拍？在此之前，由于北京地价高昂，为了控制拿地成本，保留利润空间，整个事业部的思路是与地方政府商谈一揽子合作，尽量以勾地方式取得土地。然而，这一战略在过去几年中并没有获得成功。在这个现实面前，是不是还必须坚持既定策略？在土地市场出现阶段性低点之后，如果还犹豫不决，会不会让宝贵的时机白白丧失？

经过反复讨论和市场调研，事业部的管理层达成了一致：绿地必须下定决心，在这个乍暖还寒的时节进入北京的土地公开拍卖市场，以敢打仗、打硬仗的勇气，去博取自己的荣光。

绿地的北京舞台，终于将徐徐拉开尘封已久的大幕。演出的起点，在城南。

北京的城市发展受历史遗留问题的制约和政策、市场的多重导向，发展态势极不平衡。以长安街为横轴，南北两边呈现非常明显的"北富南贫"的景象。譬如说，南二环至南三环间的城市基础设施、商业氛围，远远不及北三环甚至北四环外，而从房价来看，北五环的房价甚至可能高于南三环。

从数据上看，差距更加醒目。一份统计显示，2008 年城南五区 GDP 总量为城北五区的五分之一；人均 GDP、全社会固定资产投资额、社会消费品零售额相当于城北五区的三分之一；财政收入仅相当于城北五区的四分之一；地均 GDP 仅为城北五区的六分之一……

因为看到了区域发展的不平衡，也因为看到了北京南部平原地区的土地空间优势，北京市将振兴城南列入了日程。2009年11月，以北京市发展改革委为主导、北京34个部门和原城南5区（包括原崇文区、原宣武区、丰台区、房山区和大兴区）共同参与制定的北京市《促进城市南部地区加快发展行动计划》发布，根据该计划，从2010年至2012年，市区两级财政对城南地区投资将超过500亿元，加上带动的社会投资，未来3年的总投资可能达到2900亿元。

对于绿地京津冀来说，这个计划可能有着更为特殊的意义，因为就在几个月前，他们刚刚通过土地公开竞拍，以极富戏剧性的方式，取得了在北京的第一块土地。而这块土地，正是位于南五环之外的"城南之南"——大兴区。

惊险的一槌

2009年的北京还没有完全从经济危机的阴影中走出来，但破冰的萌芽已在生长。在土地市场上，热度正在渐渐恢复，久违的"地王"开始出现。

京津冀事业部捕捉到了这个信息，决定"跑步入场"。在频繁调研的过程中，他们得到一个关键信息：大兴区政府为了加快发展区域经济，正准备推出一些土地。如获至宝的绿地团队立刻与大兴区国土资源局取得联系，并拿到了相关地块的规划。这宗名为大兴区黄村 19 号商业金融和混合用地及 20 号居住项目的地块，规划总建筑面积约 45.8 万平方米，起始价约 14 亿元。

通过现场调查和细致分析，事业部团队认定这是一块值得竞拍的土地。由于开发程度较低，当时大兴的整体地价横向比较算是处于一个"洼地"，但这个地块的地理位置其实很好——紧临南五环，规划中的地铁 4 号线/大兴线将纵向穿越项目西侧且设置站点，因此，此地的交通条件极为便利。此外，地块面积超过 350 亩，规划建筑面积超过 45 万方，足够做一篇"大文章"。团队成员们兴奋至极，很快就测算出了预计价格，并向集团打了书面报告，要求参与该宗土地的公开竞拍。

集团很快回复了事业部的申请，同意参与该地块的竞拍，但是，集团所设置的竞拍价格上限只有 20 多亿元，换算成楼面地价大概不过每平方米 6000 元左右，不及事业部的心理预期。

其实这个价格并不算太低。此前大兴区成交金额最高的是北京金地兴业房地产有限公司摘得的大兴区黄村（新城北区 16 号地）居住项目用地，成交价为 15.6 亿元；楼面地价最高的是旭辉集团股份有限公司摘取的北京市大兴区黄村（新城北区 23 号地）居住项目用地，楼面价也不过是 6353 元/平方米。只不过时逢低谷反弹，土地节节看涨，事业部当然希望集团能给一个更有竞争力的价格。可是，集团对于此前只在蓟县和香河两个偏远地区实现开发、且开发成绩尚未完全显现的事业部多少有些保留，给出的限价自然也留有余地。

陈志华、罗晓华和团队成员们反复商量，都认为按照集团批复的价格，不太可能拿下这个地块。陈志华最后决定，再找张玉良总裁争取一下。拍地前最后一晚，陈志华和罗晓华冒雨到张玉良总裁在北京出差入驻的酒店当面请示，说明事业部的想法，请求集团予以支持。经过一番恳谈，最终，张玉良同意将价格上限抬升至30亿元。

7月6日下午，大戏在北京土地整理储备中心的竞价大厅开演，罗晓华等三人代表绿地参与竞拍。果不其然，由于交通条件好、地块面积大，地块一推出就颇受业内行家关注，包括万科、北京金隅、福建融侨等18家知名开发商都来参与角逐，投标现场竞争分外激烈。在百余轮频繁举牌、价格节节攀升之后，绿地过关斩将，最后与金隅进入了一对一的终极较量。

最后的大决战终于来临了。29.9亿、29.95亿、30亿……随着报价以500万元的价格递增，对手金隅举出了30亿元，而这个价格正是集团给予事业部的上限。如果按照正常的节奏发展下去，绿地将再次与北京擦肩而过。

但就在这时，坐在靠后位置的罗晓华和他的团队敏锐地注意到，金隅举牌的速度正在变慢，讨论的时间明显延长，甚至有人还在拨打手机，这显然是正在向高层决策者申请价格。

这意味着，对手其实并不坚决，他们也在面临着进退维谷的局面！

罗晓华和同事迅速交换着眼神。要不，向张总裁电话申请临时增加额度？不行，如果临时申请，一定会让对方发现我们底气不足；更何况，此时总裁在飞机上，想打电话也未必能打通。罗晓华迅速决断，决定放手一搏。事业部再次举牌，突破了集团设置的价格上限，也击破了对手心中"绿地可能会在 30 亿元上停下来"的猜测，反应得更加犹豫。如是反复两轮，绿地将价格提升至 30.25 亿元。由于这个价格已经超出集团规定上限不少，罗晓华们心里清楚，如果金隅继续坚持举牌，绿地就只能放弃了。

时间一分一秒地缓慢流逝，现场焦灼躁动，仿佛雷雨前的云层，涌动着细碎的杂音，随时可能爆发出可怕的力量，但是谁也不知道这力量将来自何方。等待短暂而又漫长，在绿地人的神经绷到极致的那一刻，奇迹出现了，金隅放弃了举牌，而主持人一声清脆的落槌打破了沉寂——绿地成功了！一刹那间，所有的紧张焦虑瞬间迸散，变成了眼角激动的泪花。

大兴地块的整个竞拍过程经历了 242 轮竞价，绿地最终在第 243 轮，以 30.25 亿的成交价格摘牌，溢价达到 116%。按照成交价格计算，地块以 6605 元 / 平方米的楼面地价，刷新了大兴成交价和楼面价纪录，成为当时大兴的新科"地王"。

2009 年 7 月 6 日下午的这普通而惊险的一槌，帮助绿地叩响了跃入京城的大门。从这一天起，京津冀事业部中的"京"字有了它真实的含义。

但很显然，敲开大门只是第一步。要想获得高贵而挑剔的首都的欢迎，绿地所带来的"礼品"必须精致而可靠。否则，"地王"的荣耀转瞬间便会化作无情的绞索，牢牢套住这个年轻团队的脖颈，将他们拖向巨亏的深渊。

面对这样的考验，他们会给出怎样的答案呢？

规划孕育价值

地产业内普遍有这样的认知：一个好的规划方案可以令产品增值 10％ 以上，而建筑工程 80％ 的成本在方案阶段已经确定。也正因此，一个项目的成败，很大程度上在规划设计阶段已能看出端倪。但是，规划设计方案并不是从天而降的诸世神佛，也没有可放诸四海而皆准的金科玉律，首先必须符合当地的实际情况，与目标客群的需求相匹配。

今天的大兴已经成为北京城南亮眼的明珠、崛起的新城，无论是基础设施、商业氛围还是宜居条件，大兴和朝阳、海淀之间的差距都在迅速缩小。当地的房产均价也已接近 5 万元 /平方米，几可与二线城市的中心区相媲美。然而，在八年前的

2009 年，大兴还是南五环外的远郊，陈旧落后的自然村比比皆是，绿地所拍下的地块则是一片杂草丛生的荒芜之地。即使是在大兴传统的区域中心，其住宅品质也不高，更没有真正意义上的写字楼和商业综合体，自然难以吸引大企业入驻，也很难从商业的角度汇聚人气。

但是，大兴并不是没有优势。过去，北京由中心向外拓展的城市规划风格，决定了其地价沿环线向外递减的基本规律。随着城市的不断膨胀、人口的不断增加、生活水平的不断提高，新增人口有置业需求，而原住居民也需要进行住宅更新。但是，主城区的可开发空间有限且地价过于高昂，在很大程度上无法满足这种需求，那么退而求其次，向郊区寻求改善便成为可能。此时的大兴虽然荒凉，但也正因为这种荒凉，使得其地价相对低洼，而开发空间又十分巨大。而且，大兴是距离北京主城区最近的郊区，京开高速、地铁大兴线等穿越其间，交通条件也较为便利，这给大兴崛起准备了条件。

在这一背景下，入驻大兴的绿地，决心在这片 350 亩的地块之上，完成一些美好的事情——不仅仅是完成开发并销售出去，而是要让绿地的产品与区域共生共荣，共同成长。这也是绿地宗旨"绿地，让生活更美好"的真谛所在。

与大多只专注于做一类产品的地产开发商不同，此时的绿地在全国已经开发了包括住宅、写字楼、商业综合体等业态在内的许多产品，不仅有着丰富的开发经验，也见惯了在多种业态产品的综合引领下，一片区域如何从荒芜走向繁盛。譬如2001年绿地首出上海，进驻南昌红谷滩时，所面对的不过是赣江边上的一个荒滩，而多年以后，这个荒滩已经成为江西省会的中央商务区。现在，面对大兴的处女地，他们也有类似的自信。

面对这宗被划分为19a、19b、20号三个地块，规划用途为商业金融设施和综合体、住宅及居住公共服务设施的土地，绿地最后决定在上面开发包括住宅、城市别墅、甲级写字楼、酒店式公寓、大型购物中心、休闲商业街等业态在内的大型城市综合体"绿地中央广场"，集合居住、工作、就餐、娱乐、购物等几乎全部生活场景，填补大兴区域的空白。绿地"做政府所想，为市场所需"的理念，常常被外界过多地解读前半句，在这里却凸显了后半句的价值。

在这一产品集群中，住宅产品尤其值得一提。这个坐落在20号地块上，案名为"新里·西斯莱公馆"的住宅小区，除了外立面规整气派、引领一时风尚，后来又极为热销，以单盘之力奠定事业部在京地位之外，其规划思路亦颇有可圈可点之处。

考虑到新里·西斯莱公馆位于京开高速一侧，是大兴形象的重要展示窗口，绿地在规划时提出了一个颇具前瞻性的概念：开放街区。小区中的主干道路直连市政道路，将整个小区划分为多个组团，外部公共车辆可以借助这些道路通过小区。在封闭式小区林立的北京，此举当时也曾引起争议，被认为未能充分考虑住户的安全问题。但多年之后，连政府也开始用行政指令的方式推进开放式街区的建设，打破街区私有、增加道路密度和通路数量，成了解决交通拥堵的一种治理手段。

事实上，长期以来中国北方城市的空间规划尺度普遍较大，以北京为例，其建筑长度可以达到 100 多米（上海的建筑长度规范则是不能超过 60 米），一个街区可能有 400—500 间住宅，这带来的一个问题是，整个交通路网的"主动脉"虽然粗大，但"毛细血管"却严重不足，使得通勤的"最后一公里"成为痛点，而这正是造成严重交通拥堵的重要原因。所以开放街区，疏通道路，增加端到端的通路数量很有必要。西斯莱公馆的开放式街区规划把更多空间释放给城市，这种理念放到今天也非常先进。

当北京遇见上海

北京和上海，作为中国现当代以来地位最高、规模最大的两座城市，彼此间常常怀有一种微妙的情绪。北京人常常以气魄宏伟和历史悠久而自傲，而上海人则津津乐道于其精致细巧和国际化，彼此之间既相互尊敬又隐然相抗。可为明证的一点是，在大连足球还称霸中国足坛时，北京与上海的两支俱乐部（即北京国安和上海申花）之间的对抗就被称为"京沪德比"。"德比"通常指的是同城球队之间的竞技比赛，在这里用来指代两支来自不同城市的球队，其所蕴含的城市对抗的意味并不下于球队本身。

当绿地拿下大兴地块以后，即面临着这样一个问题：作为一家正宗的上海开发商，绿地该如何调和自己的"海派"风格与北京客群审美之间的关系？承担这个重任的，自然是事业部的设计部门和他们的合作伙伴们。

当地政府对这个项目也十分重视，绿地技术部门的同事回忆说："当时大兴的书记对这个项目非常重视，认为这不是一个单纯的房地产项目，应该要致力于提升大兴的城市面貌，产生好的社会效益。"

当地政府的期望也是绿地的目标。经过讨论，事业部最终定下了调子，建筑还是要体现出上海企业的特色，要以高标准、新风格打入当地市场，力求一战成名，为绿地后续的开发奠定基础。

在这一基调之下，绿地对项目的设计颇费了一些心思。譬如，由于西斯莱公馆紧邻京开高速，在某种程度上有着"窗口"的作用，设计公司尤安国际就在靠近高速这一侧做了一个高层住宅和洋房别墅的高低配，体现出一种错落的建筑景观，避免了高层一色排布的乏味感。另外,西斯莱公馆的建筑群落整体气势大开大合,南侧还布置了长达 200 米的绿化带,非常符合北方客群对"大"的心理诉求,但细部设计则偏法式风格,结合了上海住宅的一些优点(如通风较好),又常常让人有耳目一新之感。

主要负责大兴绿地中央广场项目外观设计的北京笛东设计公司 CEO 袁松亭回忆说,当时无论是住宅部分还是商业部分,绿地对外观设计的要求都很高。当然,要求高归要求高,绿地对合作方还是保持了相当的尊重,双方始终是平等讨论,保证设计师有充分的空间可以发挥。经过反复碰撞,双方最终确定了住宅部分采用新古典主义风格,而商业部分则完全使用现代风格。这种设计运用了"城市片段"的理念,尊重社会发展的现实,但又让历史片段保存在社区空间之中。整个综合体的风格在城市界面中形成交叉,凸显出了一定的动感,而如果专注每个单一空间,其又相对静止,稳健而有内涵。

出众的设计必须要在销售之前展示出来,因此,以售楼处为核心的对外展示非常重要。当时很多项目的售楼处都倾向于"曲径通幽"的风格,但是绿地考虑到大兴当地的客户相对喜欢更为贵气的风格,于是就将售楼处的十字路口做了一个广场,让客户站在路边就能看到售楼处,凸显项目的尊贵、气派。此外,绿地还做了一个全北京最高的广告牌,在京开高速沿线靠近楼盘的地段，凡是过往的车辆都能看到这幅高度为 20 米、长度为 400 米的巨型广告牌，"绿地西斯莱"五个大字，每一个字的大小就有 100 平方米。通过如此"简单粗暴"的方式，绿地表达了"攻克"北京的雄心壮志，也令看房者深感震撼。

对售楼处本身，绿地则更加用心。为了凸显项目中的"上海"元素，尤安将售楼处设计成典型的上海外滩风格。为了实现这一目的，尤安团队拍摄了上千张外滩老房子的照片，然后一一打印出来，经过一个月的思考分析，才完成售楼处的设计工作。售楼处虽然只有 5000 平方米，但节点图纸就有 100 多张，连项目外立面的花式都是与石材加工厂反复讨论后完成的。

值得一提的是，由于售楼处是 2009 年 11 月开始施工，而西斯莱公馆的计划开盘时间是次年 4 月，因此售楼处必须在不到四个月的时间里完成施工和装修。然而，这段时间恰好是北京一年中最冷的时间，寒风刺骨，温度极低。为了确保完成任务，工程团队所有的工作人员不仅自己穿着棉袄作业，也给售楼处包上被子保温，以降低施工难度。春节期间，工人们本应跟家人一起团聚，但为了保证工期，只能留在寒冷的工地抢工。到后期，由于进度紧张，甚至还采用了主体结构和外立面同时施工的非常规手段，几乎是不惜一切代价，只为保证按期开盘。功夫不负有心人，经过数月奋战，售楼处的主体结构、外立面、精装修、园林绿化等工作居然真的在 4 月份完工了。

既要快，又要好

抢工的并不只是售楼处。长久以来，绿地所推崇的是快文化，业务风格也是高周转快开发。张玉良曾经这样解释说："有人 1000 亿的现金流，两年转一次，一年是 500 亿。我 500 亿的现金流，一年转四次，是 2000 亿……我是在流动性和运行效率上下功夫解决人家看不懂的现金流问题。"

京津冀事业部是绿地躯干上生长出来的肢体，其工作风格与集团一脉相承，而在大兴绿地中央广场项目中，绿地的这种"快"体现得淋漓尽致：大兴项目 2009 年 7 月份拿地，仅仅耗时不到半年就把房地产五证都给办出来了，开工时间大概是 2009 年 10 月，到 2011 年底第一期就完成交付。从拿地到首期交付不到两年半时间，这种开发速度在整个市场上极为少见。

"快"来源于每个环节的争分夺秒、毫不拖延。现在已经是事业部技术部副总的陈爱君当时在大兴项目中负责建筑结构。他清晰地记得，有一天晚上十点多钟，他接到大兴测绘所打过来的电话，电话那头以不容置疑的口吻说："你们做的图纸有问题。"按照常理，绿地只要第二天去测绘所沟通具体事宜就可以了。但项目的时间节点放在那里，陈爱君丝毫不敢耽搁，挂下电话就和现任事业部第三区域公司总经理助理、当时则是技术工程师的郭旭东一起，马上从公司出发，并于凌晨2点钟赶到测绘所。当时测绘所也在加班，但他们也没想到绿地的工作人员这么积极，均感十分诧异。经过双方沟通，原来问题并不是太大，只要略作修改，把意思表达清楚就可以了。陈爱君等人马上在现场动手改图纸，到凌晨五点多将图纸改完，这才放心地回家补觉。

不过，快并不意味着压缩工作环节和降低工程质量。恰恰相反，该狠抓的工作环节和该保障的工程质量，一个都不能有缺失，一旦出现了问题，还必须返工重做。

在西斯莱公馆一期施工的时候，就出现了一个这样的问题。当时为了配合外立面的线条，有一个户型的设计改变了窗户的高度。由于这个改变并不明显，在沙盘上体现得很是美观，谁也没有意识到其中存在问题。结果在施工过程中，问题出现了：室外看来极为美观的设计，从室内的角度来看，窗户的高度明显不对劲，影响了窗户的使用功能，进而影响了居住者的空间感受和舒适度。设计部门现场研究之后，认为应该调整相关尺寸，以保证窗户的面积和功能。

但是这时已经是施工阶段了，而且由于这项修改牵涉到多个楼层，改动量很大，如果按设计部门的意见修改，将会大大增加工期和成本。但设计部门将情况上报事业部之后，事业部领导没有犹豫，坚决拍板：改！这种情况本来或许在业主能接受的范围内，或许能通过其他补偿方法进行简单处理，但事业部确确实实将这个项目作为自己的口碑之作，不愿意违背"绿地，让生活更美好"的宗旨，宁愿承担更高的成本，也要将问题修正过来。当然，这样的经历并不只是损失，在不断试错和修正之后，事业部的队伍也得到了很好的锻炼，为后续开发积累了经验。

既要求快，又要求好，这只能意味着工作密度的加大。项目初期，所有相关员工都全神贯注于现场工作，以至于好几个月都顾不上家庭，更谈不上个人的休闲娱乐活动。由于设计院、测绘所、规划局、建委等相关方分别处在不同的城区，技术部人员每天在大兴、朝阳、海淀等地方来回穿梭，在现场又要与土建、室内、机电等同事及合作方不断沟通，还要和地铁承建方的设计、建筑单位不断协调，困难和障碍时时刻刻都存在，既要寻找到最佳的解决方案，还要兼顾每一个合作方的利益，千头万绪，千难万险，几乎每天都在"飞夺泸定桥"，一根弦绷得几乎随时都要断开。但是绿地"永不满足，思变图强，永不止步，争创一流"的使命感、责任感逼迫每个人都自我要求"关键时刻坚决不能掉链子"。

此外，西斯莱公馆项目是精装修交房，这对当时的开发商来说也是一大考验。实事求是地说，精装修的品质，不仅取决于开发商的设计水平，还取决于精装修施工人员的素质、施工队伍的管理，所以其效果往往不稳定，质量起伏很大，为此引发的客户纠纷投诉也很多。即使是当时业界最领先的几家大开发商，对于精装修交房也都不敢打包票。

由于实际的施工队伍往往是按图索骥，只负责施工质量和进度，对设计细节的合理性并不在意，所以在设计环节首先要把好关，尽量防范可能发生的纰漏。一个开关面板的位置错了，同样的户型可能就都会错，改动起来问题会很大。如果每一家都错在同一个地方——比如水管的位置，就很可能整栋楼的管线都要跟着改动，这就是从设计环节到施工环节可能引发的"蝴蝶效应"。西斯莱公馆有 2000 多套房子和 10 多种户型，现场所有相关部门和工种要对水电末端、开关面板、洁具位置等细部节点进行逐项核对，"对个没完没了"，只有所有相关方都确认无误，才能开始施工。

所有设计和施工的辛苦没有白费。西斯莱公馆开盘后不仅实现了旺销，而且 2011 年底第一期交付的 1200 套住房，收获了非常高的业主评价，这几乎是一举奠定了绿地在北京地区的地位和口碑。虽然八年以后，当回顾做项目的艰苦和辛劳时，项目的参与者们多用"不说则已，说多了都是泪"来形容自己的心境，但谈到这个改变一方水土、奠定绿地基业的大兴绿地中央广场项目，他们无不变得容光焕发、目光炯炯："这真的是一个非常成功的项目，真正实现了企业、政府、社会的多赢，我们付出的一切辛苦，都是值得的！"

单盘销冠，完美启航

对于房地产企业来说，再美观的设计、再过硬的质量，如果得不到市场的认可，所有的赞美都会变成自娱自乐。因此，对绿地而言，大兴项目只有在销售上取得好成绩，所有的工作才有价值。当然，作为绿地登陆北京的首作，大兴项目的销售情况还有着超越项目本身的象征意义，这使得团队更加不能掉以轻心。

郭旭东至今仍然记得西斯莱公馆二期项目开盘前的那个夜晚，绿地人几乎是以钢铁一般的意志在应对一场"战争"。

二期项目主销的是 130 平方米的户型，由于整个项目时间排得非常紧张，直到开盘前一天晚上，样板间的布置还没完全做好。为了迎接开盘，这一天傍晚，事业部副总罗晓华带领技术部、营销部以及家装公司的同事一起，共同完成最后的软装内饰布置。软装工作看似简单，实则繁琐，由于绿地团队群体性的"吹毛求疵"，沙发、床、餐桌椅的摆放位置不断以厘米为单位进行移动，靠垫、地毯、花瓶、挂画的位置也反复拿捏，甚至连衣柜里衬衣的挂放次序，袖口、领子等细节也不断调整。一群人干得忘我，竟然没有顾得上吃晚饭，一直干到晚上十二点多，才算基本满意。

就在大家都松了一口气，打算回去休息的时候，营销部忽然发现了一个新问题：样板间的户型图没有标注尺寸。营销部认为，尽管客户在样板房现场可以直观感受到客厅多宽、厨房多大，但没有进深尺寸数据，一来显得绿地不专业，准备工作不充分，二来也不方便客户记忆，离开样板房现场以后客户的认知很快就会消退。基于这些考虑，营销部建议技术部马上准备一份尺寸图，第二天一早就要用。

这个要求说来简单，实际上却并不容易实现。原来，当时大兴现场缺少做图的工作条件，要拿出这份尺寸图，郭旭东就得回到办公室去做，而当时他的办公室位于东三环外的大望路，因地铁尚未开通，打车往返都得两个小时。更何况，当时南五环外的大兴地段偏僻，很难打车，没有私家车的员工，常常因为加班太晚而回不了家。

面对这些客观困难，郭旭东二话没说就应了下来。罗晓华立即安排自己的司机把郭旭东送回大望路的办公室，等郭旭东到达办公室，已是凌晨一点多了。

郭旭东此前已经连续在紧张的状态下工作多日，这时孤身一人在办公室里加班，困意很快袭来，头脑不禁陷入混沌状态。但第二天开盘的军令就挂在头上，实在不容有失，他只能草草洗了把冷水脸以振作精神，然后便一头扎到电脑前去。为了克服困顿造成的注意力下降，他几乎是强迫性地对每一个尺寸都反复确认四五遍，一直到凌晨五点才将标注好尺寸的户型图打印好，接着再打车送回大兴。将户型图交到样板房之后，他心中一块大石头落地，这才撑着已经发飘的身体，在一个角落里倚着一张椅子眯了一会儿。

相比技术部门，直面市场的销售部门所面临的压力或许还要更大。大兴项目的营销团队，是绿地在北京组建起来的第一支营销正规军，代表着绿地营销团队的实力。开盘以后，销售人员白天做销售，晚上还要梳理资料，加班到两三点是常态，有时甚至直接忙到第二天天亮，然后才回宿舍小睡一会儿，两三个小时后起床继续工作。这种拼搏精神，正是绿地文化的真实体现。

关于销售还有一个小插曲。西斯莱公馆首期开盘的销售许可证是在开盘前一天的下午四点多拿到的，当天晚上，销售部门随即针对一些前期登记的诚意客户进行小范围开盘，结果是原来预订的 200 多套只卖出了 100 多套。这样的情况让早已准备好全面开盘的团队感到有点疑虑，连夜开会讨论是否往后调整开盘时间。最终，通过全面的市场分析，事业部在凌晨三点多的时候拍板决定，还是按照原计划于第二天九点钟开盘。在主管营销工作的李蓟的指挥下，销售团队连夜给客户打电话通知开盘信息。结果没想到的是，很多客户接到电话后，天未亮就到售楼处排队，不到八点，售楼处前已是一片拥挤的人海，最终当天共销售约 500 套住宅，销售面积近 8 万平方米，销售额 10 亿元，回款 4 亿元，创造了绿地集团历史上单盘单日销售数量、销售面积、销售金额、回款金额最高记录。张玉良总裁听说这个事情以后，评价道："客户是半夜接到的电话，那相信这个团队从上到下整个晚上肯定没睡，在连夜研究工作。"事实也确实如此。这些事例所反映出来的绿地兢兢业业、精益求精的工作态度，成为大兴项目的内在灵魂，贯穿了项目始终。

就这样，2010 年，西斯莱公馆项目 30 万平方米住宅入市后，事业部审时度势，一年开盘六次，实现了全数清盘。单盘全年销售 55 亿元，这不仅是绿地集团内部的记录，也创造了北京房地产市场的记录，多年都没有打破。这一项目一举奠定了绿地集团在北京地区的市场地位，无论是产品品质、质量还是销售情况，均足为后来者避不开的标杆。绿地这艘巨轮在大兴的这一次启航，风急帆满，高歌破浪。

更有些巧合的是，2010 年大兴住宅产品售罄之后，2011 年北京便推出了住宅的限购政策。事业部成功踏准节奏，挟着单盘销冠的余威，开始陆续销售以"绿地缤纷城"为代表的商办产品。

缤纷城，让生活更多彩

绿地中央广场这个大型城市综合体中，除了精品住宅之外，还有一批商办项目。以往北京运作得比较好的商办物业，几乎都集中在四环以内的城市核心地段。出了五环之外，由于难以有效聚拢人气，大型商场几乎难以存活，只有风格另类、着眼名品尾单的奥特莱斯偶尔一见。

2012 年 6 月 21 日，北京大兴绿地缤纷城购物中心开业。它不仅是绿地在京津冀区域甚至是全国范围内的第一个商业旗舰项目，也是大兴区首座一站式家庭生活休闲购物中心。

绿地缤纷城坐落于大兴新城北区核心区域，总面积达 8 万平方米，是大兴新城北区规模最大、业态最丰富的核心商圈，也是北京南城最具标志性和辐射力的城市综合体项目之一。大兴缤纷城的开盘，使得保利国际影院、美格菲健身中心、上海歌城、棒约翰、万龙洲海鲜、COSTA COFFEE、巴黎贝甜等一大批知名品牌首次进驻大兴。

长期以来，中国的房地产行业中既有万科这样专注于开发住宅产品的企业，也有万达这样主要致力于开发商业地产的企业，而绿地则介于两者之间。绿地最初的商业地产业务主要来源于其动迁房建设，由于彼时政府规划尚不完备，动迁房的配套设施往往较差，导致动迁户不愿意搬迁入住。为此，绿地通过主动投建巴士公司、门诊部、邮政网点乃至商业街，来完善动迁房的各类生活配套。经过一系列的历史沿革，这些部分最终成为了绿地的商业板块。

也许是因为经历过这样的发展历程，绿地对商业地产给区域带来的价值提升作用有着切身的体会和深刻的认知。2005年，绿地为平抑单一行业波动而成立的四大产业集团中，商业集团便成为了重要一环。而到了2015年，绿地甚至把商业集团专注耕耘的"大消费"板块定义为集团战略的重要组成部分，成为绿地未来着重发展的四个行业板块之一（其余三个是主业房地产、金融和基建）。

而在大兴，缤纷城就成了绿地做热一方水土的商业实践。缤纷城出现之前，南五环外的商业氛围与现在有天壤之别。彼时的大兴还没有一家真正意义上的大型购物中心，周边的消费水平整体偏低，消费习惯依旧以传统的"有需要到超市购买"为主。但阶段性的需求不足不代表着永久性的需求不足，绿地判断随着本地居民因为城市更新而获得更强的消费能力，而南三环、南四环以内的客群随着城市扩大、人口外迁而向南五环外扩展，大兴当地新的消费需求必将汹涌激荡，前途不可限量。更重要的是，由于大兴是距北京市中心最近的郊县，有高速和地铁相连，这意味着大兴的商务活动比例上升是大概率事件，且未来必然有大量"北京工作 – 大兴居住"的人群出现。这些至少是中产阶级以上人士具有着更加超前的消费理念，意味着大兴的消费结构也将迎来稳步提升。

基于这种考虑，绿地将大兴缤纷城概括为"中产阶级的第二客厅"，明确了"京南首座地铁上盖的一站式家庭生活休闲中心"的社区购物中心定位，并在招商运营过程中也坚持了这一原则。在缤纷城招商时，绿地引入了一些此前从未在大兴出现过的符合中产阶级理念的品牌，比如 Costa Coffee、法式面包店巴黎贝甜，这甚至在一定程度上引发了顾客的惊讶。而一些不符合这种定位的商家想要入驻缤纷城，绿地则会选择婉拒。事实上，绿地缤纷城引进的的品牌，有 40% 都是第一次进入大兴，这极大地提升了区域内居民的消费品质，带动了区域商业格局的升级。

通过 8 万平方米的缤纷城购物中心成功招商、推广及开业运营，绿地拉动了整个项目 70 万平方米与近百亿金额的销售。当绿地缤纷城的招商实现 70—80%，周边住宅的销售开始活跃，价格有所上涨；当缤纷城商家进场装修施工时，绿地自身的住宅已经售罄；当绿地缤纷城成功开业，周边的地产价值（包括其他企业楼盘）明显上升。西斯莱公馆在 2010 年开盘时的价格只有 1.8 万元 / 平方米左右，而现在二手房的价格已经逼近 5 万元 / 平方米，这正是绿地提供超出当地预期的商业配套带来的附加值。

如今，绿地缤纷城甚至已经不只是一个购物中心，而产生了与社区更强劲而深厚的连接，成为与大兴血脉相连的有机体。早在 2016 年，绿地缤纷城同大兴区妇联联合举办的"缤纷幸福家庭季"系列活动就在当地名噪一时。2017 年夏天，绿地缤纷城西广场上又出现了一片绿油油的"西瓜地"，成为孩子们游戏的好去处。这其实是绿地缤纷城 29 届大兴西瓜节官方指定分会场，"西瓜地"的上方，缤纷城的外墙上新挂上一幅"流动"的画卷，白天波光粼粼，夜晚恰似繁星点点，据说是目前中国最大的"空气流体雕塑"装饰墙，现已成为绿地缤纷城乃至大兴一张闪闪发光的实体名片。

续曲：豪宅新典范

大兴绿地中央广场耸立而起的数年时间里，地块上发生了天翻地覆的改变。地铁四号线建成之后，高米店南站就在项目的西南角，这片五环外的地块现在已经是大兴区的核心所在。西斯莱公馆成为本地建筑标杆，缤纷城激活了本地商业，办公楼引领本地办公潮流，可以说，绿地中央广场对于加快大兴新城建设起到了积极的推动作用。

2012 年后，随着大兴的城南核心定位与交通中心规划愈见明晰，众多知名开发商开始聚焦大兴居住市场，高端居住板块属性也日益明确。2015 年，大兴新城已初具规模，西红门商圈、龙湖商圈等丰富的商业资源渐次成型，新机场的空港经济更加刺激了区域的配套成熟。

西斯莱公馆承托了绿地在北京的市场地位，然而，此后事业部开始主推商办物业产品，住宅产品线进入一段时间的蛰伏期。也正因此，当 2015 年事业部重归福地，拿下大兴区兴亦路住宅用地地块时，难免引起市场不小的震动。

时隔六年，绿地以"归零"心态再次起航，能否以新项目再次应证王者之姿？土地拍卖的时候，事业部调研发现，黄村地区已经多年没提供过新的住宅用地，加之新政策下，能够在北京自由销售的商品房实属稀缺。基于对市场、政策的判断，绿地的规划目标直接变成——做最好的住宅产品，在大兴再一次引领区域产品风尚。这个象征着王者归来的项目，即是如今耸立于京开高速东侧、兴亦路以北的"绿地·海珀云翡"。

绿地的住宅产品线中，最高级别是海珀系，其产品定位是希望突破传统居住格局，高度提升人居感受，让生活回归本质。在海珀云翡之前，绿地数个海珀系产品的精心打造与热销升值，早已确立了其在行业中的高端地位。位于黄浦江西岸的"绿地·海珀日晖"2009 年横空出世，以高出区域市场近一倍的售价热销全城，挑动了整个上海滩的神经，正式开启了绿地集团在高端居住领域的追求与探索；"绿地·海珀黄浦"作为上海核心地带的顶级居所，2015 年首次开盘之后，2 小时定销 13 亿，亦震动上海地产圈。即便是在海外，海珀定址悉尼时，也以顶尖品质，赢得开盘当日劲销 70%，销售金额高达 5 亿元的成绩，见证了绿地开发海外高端物业的强劲实力。

2017 年，绿地海珀系高端住宅已在全球布局 18 处，而海珀云翡则是绿地入京 7 年之际，打造的第一个高端纯住宅新品项目。作为绿地在北京的扛鼎之作，海珀云翡落址大兴，将尽享 8901 亿南城计划、世界最大机场、232 项重大项目的优越前景红利。而且，此次落子北京的海珀云翡并不是海珀系中的跟随者，其理念再度进化、升华。

绿地早期的海珀系产品更重奢华，但是到了海珀云翡，产品则在全方位提升人的居住体验方面更具巧思。因为随着社会的进步，人的居住诉求已经不再局限于视觉的品质，而更追求舒适与便捷。因此，海珀云翡综合了绿地的理想家景观体系、百年宅结构体系、爱丽乐居精装体系、未来家智能家居体系四大概念，全方位打造宜居城市雅奢宅。

不同于北方传统豪宅追求用材奢华、空间巨大的特性，海珀云翡在土地成本高企、装修标准尖端的背景下，集中关注于为项目注入健康、舒适、安全等豪宅升级元素。该项目具有超大 65 米栋距、7 大适居模块、16 大奢装品牌、多功能成长户型及五重安防体系、四大智能家居、六重收纳体系、八大景观关爱系统、三级室内供水、完全人车分流等人居细节设计，归纳下来，绿地精心控制的近 130 多个设计点，都无不希望从安全、舒适、健康三个方面来提高业主的居住体验。这一连串数字体现了绿地对打造国际化精品人居项目的尽心尽力。

市场上很多地产项目的室外景观设计只能用来看，而不能用，拒人于千里之外，这令居住者很是遗憾。绿地则运用了"互动式"景观这个概念，提倡人与建筑的和谐互动。具体而言，海珀云翡有两个中央景观会客庭院，分别是"云之苑"、"翡之庭"，这是社区内部最大的两块绿地，绿地把它们设计成会客庭院，并配上了座椅。座椅既宽且深，兼具舒适性与实用性，被称之为"宽椅待人"。社区里有台阶的地方都做了坡道，即"见阶见坡"，便于推婴儿车、轮椅或者购物车的业主通行。

在室内，住户则能看到每一户均设置了中央智能控制面板，而包括新风系统、中央空调、直饮水系统、垃圾粉碎研磨机、可移动插座、墙角无棱角设计、床头紧急报警系统、声控夜灯、干湿分离浴室等在内的一个个细节，都在成就难以超越的高品质。这样的产品，不仅是在大兴，即使是在北京的核心区域，也能够有自己的地位与骄傲。

现在，让我们将目光重新投回到 2009 年年底。如果说 2007、

2008 年对事业部而言是难熬的冬天，需要隐忍蛰伏、苦练内功，那么 2009 年便是充满希望的春天，这一年，绿地在北京正式启航，除了成功拿下大兴绿地中央广场所在地块，绿地紧接着还在公开市场拿下了房山区的一个地块。事业部的人员正在急速扩充，大兴和房山的地块上也正热火朝天，一切都显得如此欣欣向荣。

然而，事业部并未对此感到满足。大兴也好，房山也罢，在传统的北京城市定义中，都是属于较为偏远的郊县。对于绿地而言，登陆北京的目标虽然实现，但未能进入五环以内，在北京市区获得发展，不能不说是一个巨大的遗憾。

不过，春天的生机正在焕发，万物如此蓬勃，连时运也开始青睐这群永不松懈的人们。2010 年，绿地京津冀事业部即将迈出更为关键的一步。

第四章　望京傲立

地王之后

　　中国的房地产行业发展有着非常明显的周期性，在"看得见的手"（政策）和"看不见的手"（市场）的双重作用下，房地产业在"扩大投资－市场过热－宏观调控－量价齐跌－政策刺激－扩大投资"的怪圈中循环演进。经过 2008 年的寒冬，到 2009 年特别是 2009 年下半年，在积极的财政政策和宽松的货币政策的刺激之下，中国经济迅速企稳，固定资产投资开始井喷。根据国家统计局的统计，2009 年我国全社会固定资产投资达到 22.5 万亿元，比 2008 年增长 30.1%，增速同比增加 4.6 个百分点。而从房地产市场运行情况来看，2009 年全国完成房地

产开发投资 3.6 万亿元，比上年增长 16.1%；商品房销售面积
9.4 万平方米，比上年增长 42.1%；2009 年 12 月，全国 70 个大
中城市房屋销售价格同比上涨 7.8%，环比上涨 1.5%……种种迹
象表明，房地产的新周期又将到来，2006—2007 年房地产投资
过热的景象又要重演。

在这种景象下，对投资过热的担忧又开始出现，政策渐呈
"转向"之态。2010 年刚刚开年，即在当年的 1 月 10 日，国务
院办公厅发布"关于促进房地产市场平稳健康发展的通知"，即
业界所称的"国十一条"，通过增加供给、收紧信贷、整顿市场
秩序、落实地方政府责任等方式，试图遏制过快上涨的房价，
并明令"对房价上涨过快的地区和城市要进行重点督查"。

和以往一样，当房地产这匹野马开始提速狂奔，拉一下缰
绳并不能使这个庞大的躯体骤然停下脚步。在接下来的二三月
份，即传统房地产淡季之中，土地一级市场价格、商品房销售
面积依然节节上涨。

2010 年 3 月 5 日，在当年的政府工作报告中，时任国务院
总理的温家宝再次点名房地产市场："要坚决遏制部分城市房价
过快上涨势头。一是继续大规模实施保障性安居工程，二是继
续支持居民自住性住房消费，三是抑制投机性购房，四是大力
整顿和规范房地产市场秩序，抑制土地价格过快上涨。"敲山震
虎之意表露无疑。

孰料，言者谆谆，听者藐藐。3 月 15 日，就在两会结束的第二天，北京的土地拍卖市场再次引爆。首先是远洋地产旗下企业以 40.8 亿元拿下朝阳区大望京村 1 号地块，折合楼面单价高达 2.75 万元 / 平方米，成为北京新科"单价地王"；接着，中信地产旗下企业以 52.4 亿元鲸吞大兴亦庄地块，成为新晋"总价地王"；最后，中国兵器装备集团旗卜地产开发企业以楼面单价 2.90 万元 / 平方米夺得东升乡蓟门桥地块，在半日内又刷新了单价记录。土拍市场上的汹涌澎湃之景，如同巨石落水，掀起滔天巨浪。媒体沸反盈天，"一日三地王"成了当时最为热门的新闻标题。

制造地王者之所以敢下重注，当然是出于对市场前景的乐观预期，但在中央政府频频发出警告信号，特别是在两会刚刚落幕，房地产业正在日益成为舆论焦点的时候，连续制造地王或许并不是明智之举。更令人瞠目的是，三家制造地王的房地产开发企业，或是有央企股东背景，或是由央企全资控制，也就是说，制造地王的资本，居然全数姓"公"不姓"私"。最应该"懂政治、顾大局"的央企，却成了做大地产泡沫的最大推手，这更令舆论风暴甚嚣尘上，"房地产市场听总理的，还是听（央企）总经理的"的设问如铁索横江，落在了所有开发商，尤其是国资背景的开发商面前。

地王事件之后，各方反应极其迅速。两天后的 3 月 17 日，监察部、住建部、国土资源部、外汇管理局、国资委、银监会等六部委组成联合督查组，进驻北京市政府，对前述事件相关的开发单位进行调查质询。又一天后的 3 月 18 日，国资委宣布，除中建、保利等 16 家以房地产为主营业务的央企之外，其余央企在完成企业自有土地开发和已实施项目等阶段性工作后要退出房地产业务，且要求其在 15 日内拿出具体方案。次日，处于舆论漩涡中心的远洋地产的央企股东方中远集团率先响应，宣称将在短期内出售所持有的远洋地产的所有股权，彻底退出房地产领域。

围绕着北京地王事件，中央各部委、地方政府、央企背景的房地产开发企业以及社会公众等相关方相互博弈，演出了一场跌宕起伏的大戏。没有人注意到，刚刚落足北京不久的绿地集团，正在这场大戏的一角默默观察。

从 2009 年开始，绿地集团京津冀事业部先后成功进驻大兴、房山，在北京实现了零的突破，但在五环内的核心区域、群雄竞逐之地，绿地依然无处置喙。在全国范围内业已掀起扩张浪潮的绿地，在京城核心地带所面对的竞争对手，是已经深耕京城多年的万科、保利、龙湖们，这些对手或是能轻易从资本市场融到低成本资金，或是商业银行们争相追捧的对象，刚刚进入北京的绿地无论在资金实力还是商业网络上，都无法与之相提并论。

但进入北京主城区这个想法实在太过激动人心，令绿地集团尤其是京津冀事业部念兹在兹，不曾或忘。在北京刺刀见红的土地公开拍卖市场上，由于集团对项目利润的严控，事业部的努力难以收到成效，但他们并没有因此作壁上观。事实上，当地王事件还在舆论中持续发酵时，绿地也正在为获取五环内稀缺土地而努力，而巧合的是，他们的目标与地王事件中的一块土地高度相关。

被事业部视为目标的这块土地——也就是朝阳区大望京村 3 号商业用地地块，正好位于远洋地产所拍下的朝阳区大望京村 1 号地块的东南侧，两个地块彼此毗邻，互相守望。而在 3 号商业用地地块的东侧还有一块土地，在远洋拿下地王的几天后，另一家央企——保利地产以折合楼面地价约 1.8 万元 / 平方米的价格将其收入囊中。

十余年前，望京区域还是一片农田与村庄，从 1994 年开始，望京被规划为重要的生活区域，人口逐渐聚居起来，但由于服务设施、商业配套不足，望京区域变成典型的"睡城"，人们白天在市中心或其他区域工作，晚上返回望京居住。2002 年以后，望京的规划定位变更为具有工作生产、居住生活、娱乐文化等功能，设有扩大地区级的生活服务设施和部分市级大型公建设施的综合性新区，并相继引进了摩托罗拉、西门子、爱立信等世界五百强企业的中国总部，逐渐形成了望京高新技术产业区。而到了 2009 年，北京市规划委进一步公示了"大望京商务区"规划，根据该规划，大望京商务区范围内总建筑规模将达到 129.22 万平方米，用地性质为居住及配套、商业金融、文化娱乐、市政设施及外事用地。此外，朝阳区政府还将在大望京商务区建设高层地标建筑，标志性建筑高度计划控制在 220 米到 250 米，并以高层建筑组团，形成景观震撼效应。很显然，高标准规划预示着大望京区域不可限量的未来，而知名开发商扎堆、土地价格高昂，正是其热度急剧提升的真实写照。

在这种情形下，绿地想要如愿获得心仪的土地，似乎必将付出极为高昂的代价——而这恰恰也正是年轻的事业部所难以承受的。面对这看来似乎不可调和的矛盾，绿地有办法破局吗？

破局者绿地

绿地介入大望京商业地块有一些偶然性，因为最初的土地信息不是直接来源于政府部门，而是来源于一位媒体合作方——不过这也从一个侧面证明了，伴随着扎根当地市场，绿地也在将自己的藤蔓四处延展，进而很自然的，获得了更多的养分。得知朝阳区政府想要推出该地块后，绿地及时与区政府取得了联系，希望能够介入开发。

朝阳区政府并没有立刻回报以同样的热情。出于对大望京区域的高度重视，区政府对该地块的开发始终持有非常谨慎的态度，无论是开发企业还是进驻企业，区政府的要求均非常之高。彼时的绿地集团在全国范围内虽然已经颇有名望，但在北京范围内，还没有压倒竞争对手的绝对优势。大望京区域的土地犹如珍馐美味，垂涎者众，从某种程度上说，政府亦乐见这种竞争，并希望借此取得最佳的结果。

不过，对于朝阳区政府来说，"最佳结果"的体现方式并不仅仅在于土地出让款的多寡。大望京村 3 号商业用地（其中包含 625、627、629 三个地块）的规划用途为商业金融用地而非住宅用地，其开发运营的优劣将深刻影响整个大望京区域的品质，也将影响区政府的产业培育意图和税收收入。从这个意义上说，一次性收取的土地出让款只是政府考虑的次要因素，开发商的开发建设能力和招商引资能力，才是具有决定性的主要因素。

朝阳区的这种谨慎考虑在这幅土地的出让过程中也体现得淋漓尽致。其实在 2010 年 3 月，也就是远洋地产拍出望京地王的后几天，该幅地块也采用了招标而非拍卖的方式 [①] 进行出让，

---

① 招标与拍卖是我国土地招拍挂制度中允许的两种出让方式，两者之间比较显著的一个区别是，拍卖出让为价高者得，而招标出让则是评标结果最优者（不一定是价格最高者）得。

但结果是，这次招标出让竟然流标了。

将"做政府所想、为市场所需"奉为圭臬的绿地很快品出了朝阳区政府的这种纠结。在随后的多次会谈中，他们渐渐理出一条线索，即朝阳区政府希望引进世界500强企业以增加税收，而由于望京区域是传统的韩国侨民聚居地，当时身为世界500强的韩国浦项集团（为全球最大的钢铁制造厂商之一，也是韩国十大财团之一）也有意将中国区总部落在此处，只是受限于国内政策，不能够直接购入地块进行开发。

这条线索令事业部上下很是振奋——这意味着，如果能想办法与浦项集团达成合作，以此来和朝阳区政府商谈开发，成功的概率将大大增加。然而，在此之前，绿地与浦项之间并没有建立业务往来，双方互相陌生。对绿地而言，想要帮助区政府引进这个产业巨头，难度并不比其他开发商小。不过，既然有一条路可以试试，事业部绝对不会轻易放弃。

经过一番辗转，绿地与浦项之间取得了联系，开始洽谈商务合作。绿地在谈判中展现出来的专业和合作的诚意，让浦项感觉颇佳，经过漫长的商谈，双方越走越近，浦项集团渐渐将绿地视为自己在中国最优的合作选择，而绿地也趁热打铁，敲定了合作意向。

外部形势也正在朝着向绿地有利的方向发展。望京地王事件之后中央政府、各部委以及公众舆论所施加的巨大压力，给愈烧愈旺的土地市场迎头浇了一盆凉水，手握重金的央企系房地产企业不得不暂时偃旗息鼓，降低了拿地特别是高价拿地的意愿，以免引火烧身，这在客观上降低了土地市场上的竞争压力。此外，2010 年上半年，国务院办公厅、财政部、国土资源部、住建部、人民银行、银监会等多部门频频发布调控政策或进行窗口指导，从土地供给、保障房建设、购房准入、信贷政策、利率等多方面引导房地产市场降温，这也在一定程度上遏制了房地产企业快速扩张的冲动，土地市场的价格逐渐开始回落。

除此之外，绿地也有着自己的优势。朝阳区政府希望在自己的地块上规划地标性的超高层建筑，而此时的绿地已经在南京建成了高达 450 米的紫峰大厦，成为当时的世界第七高楼的缔造者。此外，绿地在郑州投建的高达 280 米的绿地·千玺广场、在南昌投建的高达 303 米的绿地中心双子楼，均已奠基开建，而在全国其他重点城市，亦有多个超高层建筑在规划中。绿地以"超高层批发者"的形象临世，自然令地方政府颇为心折。

此外，随着绿地在大兴、房山等地的开拓渐渐深入和口碑的慢慢形成，绿地在北京的影响力日渐增加，这无疑为绿地加分不少。而绿地自身的国有资本背景，也使其在与地方政府的沟通中，双方语境趋同，较易达成一致。

多种因素的和谐共振，令绿地向望京区域加速靠近。2010年9月8日，大望京村3号商业用地再次以招标形式公开出让，这一次，地块没有再次流标，而中标者正是绿地！虽然中标总价高达25.8亿元，但折合楼面地价还不到每平方米8000元，溢价率不到6%，与上半年望京区域热到烫手的地价相比，实有霄壤之别。

拿下这个地块，对绿地而言意义非凡。从2005年探路北京开始，到此时已经过去五年。从不得其门而入，到迂回天津河北等环京地带，再到落子大兴房山等北京郊区，进而正式进驻北京市区，绿地进京的脚步辛苦而又沉稳。历经艰险，百炼成钢，此刻的事业部同仁们才发自内心地感到，绿地全国化的使命终于有了历史性的突破。

但对于望京项目而言，拿地仅仅是一个开始。拿地之后，事业部即将迎来更大的挑战。

历尽劫波

无论从何种角度来看，望京项目都是一个特殊而有意义的项目。绿地京津冀既是首次进入北京五环以内，又承担着招商引资的重任，还要打造自己的第一个超高层地标，该项目的重要性不言而喻。也正因此，2011年3月举行的望京项目奠基仪式成了事业部上下极为关心的大事。

这种关心不仅因为望京项目极为重要，也因为出席奠基仪式的领导包括韩国驻华大使、北京市副市长、朝阳区主要领导、浦项制铁集团会长和绿地集团总裁张玉良等重要人物。由于事涉政府各级领导和外国友人，这成了事业部历史上所主办的复杂程度与安保等级最高的一场活动，但留给事业部的筹备时间却只有短短三个月。而且，不同于现时的繁华景象，当时的绿地中心地块上只有荒地和野树林，唯一的交通要道是一条黄土路，连像样的公路也没有。筹备时间短，现场条件差，对接各方多，安保难度大，这就是事业部所面临的现实情况。

主持筹备工作的是时任绿地房山公司办公室主任、现在已是事业部总经理助理兼投资发展部、综合管理部总经理的曹玉霞，而她的合作伙伴则是绿地甫入华北便形成紧密合作的今久整合营销。今久总裁周云洲在日后回忆说："浦项集团的会长在韩国几乎相当于副总统级别，这使得韩方对于警备安保要求非常之高，当时各方为了充分沟通需求，在一起开了无数次会议，每次会议确定的事项，事后还常常面临各种变更，这更让筹备时间变得捉襟见肘。到后来，停车场安排、避难方案设计、围挡建设等各项工作都是在以拼命一样的速度往前赶。"到了最后一周，曹玉霞的殚精竭虑到达了顶点，她几乎完全放弃了睡眠，唯恐工作中出现纰漏。好在这些付出没有白费，奠基仪式最终

2011 年 3 月 17 日绿地中心·浦项中心奠基仪式

在一片祥和的氛围中圆满结束，张玉良总裁也对事业部的工作给予了高度评价。

出人意料的是，圆满结束的奠基仪式并没有给事业部带来一帆风顺的开发过程。事实上，在整个望京绿地中心的开发建设过程中，京津冀事业部在项目审批、用电、道路等各种环节中均不同程度地遇到问题，实可谓是"历尽劫波"。而其中一场有惊无险的"伐树风波"，正是这次艰难开发过程的一个缩影。

原来，在项目正式交地后，事业部遇到了一个从来没有碰到过的新问题。此前，事业部所拿到的土地全部都是净地（指完成了基础设施配套及场地内部拆迁平整的土地），可以直接入场进行土方开挖；但这次，他们所接收的土地上，却还密密麻麻地栽种着一万六千多棵树木。

关于如何处理这些树木，事业部内部展开了一番争论。由于工期紧张，每个环节都要抢时间，有人提议交给土方公司，只要一个晚上就能完成"清场"，然后迅速入场开挖。从工程的角度来说，确实如此，但从法律的角度来看，这样做却非常危险。虽然绿地此时已经拥有地块的使用权，但其实并没有权力随意处置这个地块上的树木。根据北京城市绿化的相关条例规定，伐移超过 10 棵树木就需经市政府审批，更何况是一万六千多棵！

现在已经是事业部总经理助理兼第一区域公司总经理、当时为望京项目负责人的张宗光，在这场争论中，坚持要按照正常程序，申请伐树证和移树证。幸运的是，他的意见最终成为主流并被贯彻执行。为了办理上述证件，事业部花费了足足一个半月的时间，期间无法入场施工。当时看来，工期本已十分紧张，耽误的这一个半月时间似乎极为可惜，但后来发生的事件证明了，正是这个遵章守规的举动，使得绿地避免了一场无妄之灾。

原来，取得证件之后，绿地所聘请的园林公司即开始入场施工。由于施工时间紧张，为了保证在协议约定的验收时间内完成工作，这家公司在最后一晚仍在施工，而这也成了引发投诉的根源。

大望京村当地居民对项目的来龙去脉不熟悉，看到近期林木屡屡被伐，已经产生了一些怨言，而夜晚作业更是火上浇油，直接引发了投诉举报。森林公安接到举报后立刻赶到现场，但经过核验，作业单位审批手续齐全，只是因夜间施工扰民，森林公安便要求其暂停施工。

但事情还在继续发酵，第二天，多家媒体以"北京大望京村成片林地一夜砍光 事发前曾被叫停"为题刊发新闻。由于时值国庆长假第一天，社会公众对环保题材的新闻又极为敏感，新闻热度急剧上升。而且这一次本来极为平常的举报，经由各种渠道竟然辗转到了国务院，相关领导得知后极为重视，批示严查。

这时，绿地"耽误"的那一个半月时间显现出了其真正的价值。经过一番彻底的调查，调查组确认绿地是合法合规地取得土地并伐移树木，手续没有问题；只是园林公司在具体作业中，误将一百余棵需要移栽的树木伐倒，因此需要按三倍补种。最后的结论是，绿地在这一事件中，只负有非常微小的间接责任，一场潜在的重大公关危机就这样迅速消弭了。

事后来看，这场曾经轰动一时的"伐树风波"，似乎只是望京项目开发过程中的一个"小插曲"。但这场"小插曲"的背后，彰显着绿地京津冀面对困难的处事原则：合法合规、诚信互利。正是由于事业部尊重法律法规以及相关方的利益，以共赢而非倾轧的思路处事，最终既解决了问题，也赢得了相关方的称许，为自己的未来发展奠定了坚实的基础。

挑战超高层

2011 年 10 月，望京绿地中心开始进场施工，改造的引擎强力启动，挖掘机穿梭往来。到 2015 年 12 月，该项目在各方关注与期待下竣工交付。项目建筑面积约 35 万平方米，包括一栋高达 260 米的超高层、一栋十字形的企业独栋、两栋甲级写字楼、一栋商业中心，这组错落有致而大气磅礴的建筑组团共同构成了北京绿地中心，为大望京区域勾画出了极为优美的天际线。

而这组建筑当中，最引人注目的无疑是那座高达 260 米的超高层建筑。今天，从首都国际机场出发，沿机场高速进京，率先映入眼帘且标识度极高的就是这座外表面波光粼粼，似绸缎般曼妙华丽的"绿地中心·中国锦"。这座超高层在施工期间，就顺利取得北京市结构长城杯金奖，通过北京市建筑业绿色施工示范工程验收，先后接受市建委、中建、中铁、区建委、区监督站等参观、交流、现场会 40 余次，获得了业内外的一致好评。而其建成后，更以国门第一高楼的身份傲立望京，带热

望京绿地中心·中国锦

区域价值，助推望京成为京城第二 CBD，彻底奠定了绿地在北京商办市场的引领者地位。

不过，这一切都是后话。世界上从来没有水到渠成的丰功伟绩，当望京绿地中心项目开始规划时，尽管集团已有一些超高层的设计和建设经验，但这个项目还是事业部在北京市区的首个作品，且身处国门望京，各方瞩目，不容有失，压力着实巨大。

这种压力在项目初始的设计阶段就已显现出来。为保证设计质量，事业部选择的合作方是此前设计过迪拜塔、国贸三期且与绿地集团在紫峰大厦项目上有过成功合作的美国 SOM（Skidmore, Owings & Merrill LLP）公司。尽管有了如此强大的助力，但前后设计出来的不下 100 个方案，大多数都在内部讨论时被"枪毙"，而少数脱颖而出的方案，也被分管的政府领导否决了——这位领导是建筑专业出身，对行业非常了解，对望京项目的重视也非同一般，要求极高。

其时已近年底，如果不能尽快敲定，则各项工作包括开工仪式都要延迟。为此，集团要求加快进度，并且派来了集团总建筑师亲自抓审方案。经过一番细致的讨论和比较，绿地放弃了另一版设计理念为"玉琮"，相对中规中矩的建筑方案，确定了一款名为"中国锦"的设计方案。中国锦的建筑外立面设计灵感取意于中国传统的"织锦"，是少有的由中国元素开启的商务地标，立体编织式炫动外立面，赋予建筑亮丽、精致、清爽的现代感，将东方艺术与现代商务建筑文明完美融合起来。而且其外立面设计还有效运用建筑光学原理，使每一扇玻璃与阳光的反射角度达到最佳，从而更好实现保温与隔热功能，与世界上普遍推崇的低碳办公理念同步。总的来说，这确实是一个兼具美观与实用的优秀方案。不过，方案还必须得到市政府分管领导的认可，才能正式进入实施。

春节后，这位分管领导去一家建筑施工单位出席"援疆援藏动员大会"，而这家施工单位正是绿地的资深合作方，他们抽空给绿地技术部打了个电话，告知绿地可尽快拿方案来给领导确认。于是，绿地的几位技术负责人在最快的时间内赶到，面对面向领导汇报了"中国锦"建筑设计方案。这位领导被拉到绿地的工作人员面前，还打趣说，自己出一次公差，还得来接个"私活儿"。可效果图一打开，随着建筑师娓娓道来的讲解，一座有文化、有质感、具有中国特色的大楼拔地而起的画面展现，这位分管领导终于被打动了，半个小时后，他点头说："可以，就按这个方向推进吧。"

大方向确定以后，在具体实施过程中还要克服许多难题。中国锦在整个绿地集团内部都有几个"第一个"，其中：它是绿地第一个钢板剪力墙项目，第一个钢筋桁架楼承板项目，也是第一个空间体玻璃幕墙项目。第一个吃螃蟹的人，意味着要承担更大的风险，也要投入更多的心血，对中国锦的项目团队来说，此言非虚。

所谓钢板剪力墙，是指核心筒混凝土下面几层不是加型钢＋钢筋受力，而是型钢＋钢板＋钢筋的方式，明显地提高结构的抗侧刚度，使结构具有良好的抗震性能。

钢筋桁架楼承板的使用避免了楼板支模，工厂化拼装的钢筋桁架内可以预埋管线，减少现场钢筋铺设量，施工比较方便，效果也好。绿地的这次探索，过程中花费了很多精力，但取得了很好的效果。

而空间体玻璃幕墙所面临的挑战更为巨大。超高层建筑的玻璃幕墙必须兼备高强、可靠、防水、抗震、耐久等特点，是其他墙体型式所不能比拟的，这也是项目建造过程中最复杂的一个环节。中国锦的幕墙在专业技术实施上，涉及到"四性实验"——即对气密性、水密性、抗风压、平面变形性能的实验，以使建筑物外围护达到高标准规范要求，保证建筑使用寿命和使用者的舒适度。

实验中，气密性和水密性是两大难点，稍有不慎便容易出现瑕疵。为了确保幕墙性能达到高标准，绿地对幕墙的"四性实验"采取了中美混合标准，这种标准的要求比单纯中国标准或美国标准都要高得多。简单地说，就是既强调幕墙的一次性性能指标，又通过反复的实验来模拟和验证幕墙的耐久性能。最终，四性实验前后持续了四个月，期间对一些细节问题调整了上百次，终于达到了理想的状态。

对超高层而言，另一个不得不提到的环节是核心筒。核心筒有"高层建筑之心"的称谓，在任何一个钢结构超高层建筑里都起到至关重要的作用。在核心筒的施工方面，已有北京中关村大厦等超高层项目在前，按理说，绿地只要依样画葫芦就可以了。但事业部研究后发现，这些原有的施工技术中，也存在一些不尽合理的环节，导致费时费力，产生了一些不必要的成本。譬如说，原先采用的施工方法是平台法，即在核心筒上套三千吨重的平台，施工时跟着平台往上走，一般认为这种技术比较先进。但实际上平台有两个缺陷：一是造价奇高，如果单纯为一个超高层项目建一个平台，成本太大；二是结构复杂，施工完毕后高空拆卸很不方便。

为了合理优化，做到成本效率兼顾，事业部一方面全面调动自己的技术力量，另一方面也从外部聘请了一些曾经成功实施超高层项目的老专家。在内外力量的合作下，事业部最终选用了国产塔吊爬塔技术，即在核心筒上施工一部分后，再把相关构件往上挪一部分。虽然在超高层中段，爬塔技术的施工速度略慢于平台技术，但由于组塔和收塔效率高，最终工期反而更短，成本也大幅缩减，而最终的施工质量仍然得到了保证。

在内部结构设计中，事业部也考虑到了很多细节问题，并从设计阶段就注重解决。比如高层电梯的轿厢在井道里面上下往返，因为楼层高度高，容易产生"烟囱效应"，即井道里产生负压，从而致使电梯门无法正常闭合。以往北京的一些超高层没有预先考虑到这个问题，只能在事后以加装转门等方式进行补救。事业部未雨绸缪，在设计阶段已经把梯井、风压等方案做好，确保电梯的正常运行。

对外观设计的极致追求，对幕墙设计的精益求精，对核心筒技术的合理突破，对结构设计的未雨绸缪，对施工过程的严格管理，通过这一系列专业的动作，绿地中心的超高层建筑从一张图纸拔地而起，最终成为今天卓然挺立的望京第一高楼。

栽桐引凤

今天的望京，已经成为名副其实的"北京第二 CBD"，绿地中心、浦项中心、望京 SOHO、融科望京产业中心等知名商务办公楼云集于此，引来包括摩托罗拉、三星、索尼、西门子、爱立信、联想、施耐德、浦项等传统世界 500 强企业以及阿里巴巴、美团、优步、锤子科技等新兴产业巨头入驻。比起较为传统的国贸 CBD，望京区域的生活配套更为成熟，整体办公条件也更好，一时间吸引了越来越多的互联网创业公司入驻，其势头之猛烈，大有赶超国贸 CBD 的趋势。

望京绿地中心对望京的价值贡献有目共睹。作为望京地区最早规划建设、也是最重要的建筑群落之一，绿地见证了望京从荒地变成商务中心的历程，更深度参与了这一进程。如今的绿地中心建筑组团中，3 号楼已经整售给阿里巴巴集团，作为阿里的北方运营中心；而颇具特色的十字形建筑 1 号楼则有四分之一整租给智能手机的挑战者锤子科技。新兴产业巨头的入驻，既是对绿地中心高端商务办公定位的认可，也将产生磁吸效应，带动更多相关领域及产业上下游的企业向此处集聚。用中国的俗语来说，绿地所做的，正是"栽下梧桐树，引得凤凰来"的好事。

　　不过，并非只要栽下梧桐就一定能引来凤凰，从开发商办产品到将商业氛围做熟，期间需要付出巨大的努力。

　　其实，最初项目用地的规划中，有"建议自持"的字样，即要求开发商在开发完产品之后，以租赁而非销售的形式回收现金流。事实上，不独绿地中心，周围的办公产品均有此类要求。政府希望以此来强化开发企业的运营责任，使自己的产业引导政策能够落地，避免出现开发商卖光就走、入驻者鱼龙混杂的情况。

　　但随着项目开发的深入和整个办公产品市场的逐渐成熟，一些观点也在慢慢发生变化。从开发商的角度来说，出售比租赁能够更快地回收现金流，而且在租售比偏低的情况下，出售对开发企业的盈利改善有更大的帮助。从企业的角度来说，虽然租赁比购买少占用资金，但更不稳定，也可能面临着租金不断上调的风险，有实力的企业对于具有升值空间的办公楼，还是更倾向于直接购买。对于当地政府来说，由于企业直接购楼往往伴随着注册地址的迁移和税收的进入，而且产权转移本身就将带来一定的税收收入，因而其也乐见具备实力的企业在属地直接购置不动产。因此，在某些情形下，完全由开发商自持物业并不一定是最优的选择，出售反而能使各方获益。

　　在大望京的开发过程中，为了协调整个开发进程，有一个联席协调机制，各政府部门和开发单位定期开会解决问题。几次开会过后，项目用电和道路等硬伤都得以解决，而"自持转销售"的问题也渐渐提上日程。

因为涉及到规划的变动，政府部门内部意见也不统一，但由于"建议自持"本就是比较模糊的说法，而且如果能引入优质的企业，无论是从区域能级提升还是税收增加的角度来说，都比开发商自持更好，于是政府的态度也渐渐有了松动。经过大约半年的讨论，在一次协调会上，政府部门正式表态，只要能够满足整层以上销售、符合产业导向和统一管理三个要求，允许各开发商将自持物业转为销售。

正是这个规定，使绿地中心不仅在物理高度上成为事业部的高点，在销售上也连续数年获得北京市与朝阳区的销冠。商办产品的热销无疑是市场对绿地开发及运营能力的高度肯定，这其中最令人瞩目的，便是实现了对阿里巴巴集团的整栋销售。

这次成功的销售肇始于 2012 年。其时阿里巴巴已有在北京设立北方运营中心的计划，并且开始与朝阳区政府接触，希望能够以比较低的价格取得土地并开发自用办公楼。但当时朝阳区的土地价格已经开始回升，政府既不愿意失去阿里巴巴这个能为区域贡献产值和税收、且具有很强产业吸附能力的大户，又不能违规以协议出让的方式供地，一时颇感为难。就在这时，事业部的营销部门开始与阿里巴巴接触，推荐对方采用大单定制的方式整栋购买绿地正在开发的高达 150 米的 3 号写字楼。

由于此时的绿地在全国范围内已经将商办产品做得风生水起，而且规划中的绿地中心有一座地标性的超高层建筑，这对于组团中其他产品的升值有很大帮助，这些均令阿里巴巴集团十分动心。

事业部抓住机遇，趁热打铁，展开了积极的营销；同时考虑到阿里巴巴入驻所能产生的带动效应，也给了对方一个较大幅度的折扣。阿里巴巴在考察多个地点之后，综合区位、开发商和价格等因素，也终于将绣球抛给了绿地。最终，该项目以大约3万元/平方米的价格成交，而短短几年之后，资产价格已经上涨到超过7万元/平方米，阿里巴巴的这次投资获益匪浅。而对于地方政府来说，不仅合理合法地引入了龙头企业，而且形成了示范效应，为在区域内打造电子及互联网产业集群又增添一个重大砝码。可以说，绿地中心3号楼整售阿里巴巴的这个案例，正是多方共赢的一个典范，而绿地在其中起到了不可或缺的作用。

绿地所栽下的"梧桐"并不止于办公产品。在"中国锦"的顶部，独具匠心的绿地还联合著名奢侈品品牌阿玛尼，打造了独具个性的高空公寓。

在"中国锦"的44层以上，绿地所打造的全部是公寓性住宅，套均面积达到300—600平方米。不同于传统平层豪宅的家庭理念，绿地中心的产品更像是"私人定制"的公寓，即面向个人的全功能空间。这种空间为买房人个体而设计，集居住、社交、娱乐等功能于一体。例如，一套面积 500 多平方米的公寓有一半面积是开放空间，可以举办商务会谈和派对，另一半则是具有绝对私密性的居住空间，可以充分满足居者全方位的需求。而在观景体验上，270 度观景阳台可俯瞰国贸建筑群、鸟巢建筑群等，给人以"君临天下"之感。此外，绿地还特别打造了"云鼎俱乐部"，为业主提供更多人性化的增值商务服务，如星级厨师上门服务、便捷的就医通道、首都机场接送机服务等。

2014 年，绿地为了丰富产品序列，又推出了"行政宫邸"的概念，把项目顶部四层公寓分别进行了全面精装。室内设计选择了世界知名奢侈品牌阿玛尼的产品与风格，这一举措促进了绿地中心公寓产品的大大升级。

阿玛尼（Armani）是世界知名奢侈品牌，以使用新型面料及优良制作而闻名。望京绿地中心的行政精装公寓之所以选择阿玛尼，正是两个高端品牌的互相呼应所致，尤其是阿玛尼 Dada 与 Casa 系列低调的奢华，与绿地沉稳、高品质与精心打造的产品调性充分吻合。根据设计师的理念，在样板房里面，如果把家具都拿走，室内的装修粗看没有刻意的设计感，但是细看之下，各类材料——包括地板、天花、壁布、皮饰等——都极具价值感。

高空公寓的室内装修的风格极为含蓄，但其震撼人心的配置——从银行护盾级入户门、纯银镶嵌工艺天花板到中央岛式厨房、欧洲品牌电器、视频会议系统、门禁识别系统、声控光控系统、人体感应系统……无不彰显出内在的厚重奢华。低调的表情下暗藏丰富的内涵，这正是绿地中心高空公寓吸引财富人群的一大卖点。

走近三元桥

走进望京是京津冀事业部的一大步，以望京绿地中心这个地标项目进驻北京市区，绿地的"进京"任务实至名归。而到了 2015 年，事业部的脚步向京城核心区再迈一步，即击败多个老牌竞争对手，在东北三环核心地段获得土地，倾力打造三元桥绿地金融中心。从 2005 年探路北京之日开始，绿地用了 10 年，终于走近了北京三环核心区域。对绿地而言，三元桥绿地金融中心的价值不仅在于占领了核心区的一个物理空间，更是满足了一项精神夙愿，具有里程碑一般的意义。

三元桥的地段价值毋庸置疑。作为北京传统的涉外商圈，三元桥是第二第三使馆区交汇之处，亦是东北三环与机场高速的连接点，是占据着城市大动脉的繁华地。这一点，从不动产价格的变化即可看出端倪——2007 年至 2017 年的 10 年间，三元桥区域商办物业售价高涨 6—7 倍，而全市同类物业的均价涨幅仅在 1.8—2.2 倍之间。

为了打造与黄金区域相匹配的尖端产品，在该项目的设计中，事业部倾注了极大心血。与寻常项目从施工图开始才使用建筑信息模型（Building Information Modeling，以下简称 BIM）指导工装不同，该项目在确定方案时便已有 BIM 介入。BIM 技术是房地产业和建筑业具备跨时代意义的新技术，其颠覆了行业依赖平面图进行设计建造的历史，将建筑的设计、施工、监控、营销、运维等各个阶段整合在一个技术平台上，为全方位、系统化的技术集成提供了坚实基础，为项目的开发建造和运营管理提供了大量数据，运用这些信息可真正实现科学化开发、智慧化服务，比如指导项目总包甚至后期物业的施工、运营、检修维护等，对项目的全流程控制无疑起着极为重要的作用。

此外，在三元桥绿地金融中心项目中，绿地将绿色建筑的理念贯彻得淋漓尽致。如今，随着环境污染和生态破坏日益严重，节能环保已经深入人心，绿色建筑也已成为全球高端写字楼的评判标准。绿地金融中心以绿色建筑三星级标准进行设计（绿色建筑按照标准由低到高分别为一星、二星和三星，三星级为最高标准），独创"思想家"生态景观系统，以办公入户花园、同层员工共享花园系统、私属的总裁花园会客厅等方式，营造北京商办市场稀缺的 30% 绿化率，制造办公绿色体验。

雾霾的威胁与日俱增，公共建筑空间的空气质量更是受到社会前所未有的重视。绿地金融中心在空调机电方面，斥巨资打造全净化空气系统，该系统以过滤、加湿、双层电离等多层除霾技术，全面净化空气，维护建筑空间的纯净氧含量，并以智能设备无死角实时监控室内空气质量，期待以纯净清洁的空气供应，提升入住者的工作效率和生活质量。

设计固然十分美好，但在这个项目的具体开发过程中，事业部却还面临着许多现实问题。首先是项目地块不大，施工和堆料空间极其有限，而且西、南侧地下室及地上结构施工受到红线处 10 千伏高压架空线影响；其次是项目离居民楼非常近（基坑距武警宿舍楼约 11 米，距霞光里 30 号院约 18 米），施工造成的任何对居民的不便，都有可能引发投诉举报（事实上也确实遭遇了）；第三是项目地处三元桥繁华地段（项目距东三环直线距离约 700 米，距美国大使馆直线距离约 800 米，距朝阳区工商行政办公大厅直线距离约 100 米），但进出项目的唯一通道是不足 10 米的单行线，造成交通压力巨大；第四是项目用电等相关市政设施配套不足；最后，北京常常因为重大会议、中高考、雾霾或者大风天气要求停工。这些现实的不利因素都给项目的推进造成了很大的困难。

面对诸多不利，事业部以及合作方均保持着最大的责任心，一一解决困难。对于场地偏小的问题，施工时用合理调配工序，

精细管理空间的方法来予以解决；对于交通不便的问题，采用
尽量错峰运输的方法来应对；对于市政配套不足的问题，绿地
自行投资，将临电接入项目；对于时常发生的停工令，施工方
只能遵守，但也在未停工时加紧作业，以弥补工期。其中最为
困难的还是与附近居民的协调，由于居民人数多，利益诉求不
尽一致，项目曾数次遭遇投诉甚至被堵门，但事业部始终以负
责任的态度，与当地居民反复沟通协商，并支付合理的补偿费
用，在不损害各方利益的前提下，推动项目的进程。在绿地人
的努力之下，施工难度极大的绿地金融中心项目进展神速，主
楼工程达到预售条件时间比原先预计的提前了 88 天，向外界
充分展现了"绿地速度"。

从大望京到三元桥，从五环内到四环内，仅仅 7 公里的物
理空间距离，却标志着京津冀事业部向城市核心的又一次掘进，
能量的再一次跃迁。绿地京津冀曾以商办综合体的数量与体量，
赢得京城"商办之王"的美誉，而现在，望京绿地中心和三元
桥绿地金融中心就如同京城东北方向的两颗明珠，在"商办之
王"的桂冠顶端熠熠生辉。

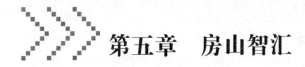

第五章　房山智汇

进退维谷的商办产品

1998 年住房制度改革后到 21 世纪的前十年，通常被称为中国房地产行业的"黄金时代"。在这段时间内，房地产作为国民经济支柱产业的地位奠定，中央政府在产业政策上整体持鼓励态度，加上人口红利持续释放、城镇化水平不断提高的客观规律叠加，除 2008 年受国际金融危机影响而出现了短暂的缩量之外，其余年份的商品房成交量增长率均在 10% 以上的高位，有些年份甚至达到 20%。长达 10 余年的整体供需两旺、特别是 2005 年以后的房产价格加速上扬（除 2008 年外），不仅造就了一大批巨无霸型的房地产开发企业，也导致了房地产开发面积的逐年走高。

但市场趋势不可能永远是单行线。一些研究以人口年龄结构变化为考量，将 2011 年作为房地产人口驱动周期的结束，因为自此之后我国劳动年龄人口连年下滑已呈常态。[1] 尽管以人口迁移为表征的城镇化比例仍在不断提高，但人口迁移背后所隐含的区域分化，使得全行业全局性增长的时代渐告终结。然而，房地产行业的开发速度并未因此停顿，这使得库存压力不断攀升。比如，2010 年我国待售商品房（指已竣工但未售出的商品房）面积已达到 21567 万平方米，是15 年前（1995 年库存面积为 5870 万平方米）的 3.7 倍，到2014 年 9 月，这一数据又进一步快速攀升至 57148 万平方米，而到了一年以后的 2015 年 10 月，该数据继续增长至68632 万平方米。而且，待售商品房只包括竣工后、未售出的现房，大量已建设未竣工及未开工的潜在库存并未计算在内，真实库存之重，很难准确估算。也就是在 2015 年的年底，中央经济工作会议将化解房地产库存作为次年的五大任务之一。

在高企的库存量背后，还存在一个隐秘的问题——库存结构。市面上可用于流通的商品房一般可分为两类，即住宅类产

---

[1] 卓贤．房地产去库存去杠杆如何兼得？ [EB/OL]. http://opinion.jrj.com.cn/2016/03/14182820689067.shtml

品（主要解决居住问题）和商办类产品（包括写字楼、商铺等，主要解决经营问题）。由于居住问题的普遍性，人们对前者的库存情况往往更为关注，但事实上，由于住宅需求相对刚性而经营需求易随整体经济环境变化而大幅波动，商办类库存才是真正棘手的问题。例如，2014年3月，杭州市的住宅存销比[①]为12个月，处于正常范围，但办公产品存销比达到23个月，商业产品存销比达到44个月；同一时间的济南市，住宅存销比为11个月，办公产品存销比为24个月，商业产品存销比为54个月。[②]事实上，从2015年下半年开始，由于大类资产配置的浪潮从A股市场向不动产市场迁移，全国住宅市场（尤其是一二线城市的住宅市场）实现了快速去化，住宅存销比迅速降至谷底，部分区域的住宅产品已经进入补库存周期；而经济增速趋缓、实体经济受电商冲击、商改住政策限制等因素则进一步加剧了商办产品的销售难度。但另一方面，全国在建商品房中，商办物业的面积占比从2008年的13.9%上升到2016年年底的18.4%，需求减弱而供给增加，市场失衡凸显。

对于商办类产品的尴尬处境，绿地颇有切肤之痛。与房企

---

① 存销比：指在一个周期内，商品平均库存或本周期期末库存与周期内总销售的比值，是用来反映商品即时库存状况的相对数。房地产领域的存销比统计周期通常为月。

② 上述数据均出自著名房地产数据应用服务商克而瑞的公开报告。

排行榜上的其他巨头，如万科、恒大、碧桂园、保利等相比，绿地的产品结构极为特殊，即商办产品比例明显偏高。2014 年，在绿地 2408 亿元的销售收入中，商办部分的销售金额达到 1296 亿元，占比超过一半。从往年的销售业绩来看，绿地的住宅销售增速通常在百分之二三十左右，但商办的增速却常常在百分之五十甚至百分之八十以上。① 而到了 2014 年以后，曾为绿地贡献了巨大业绩的商办类产品变成阻滞"绿巨人"脚步的泥潭，将其从销售排行榜的第一位拖到了"碧万恒"三强身后。张玉良后来曾在一次受访中坦承："2014 年、2015 年的时候，我们大量转型向办公为主的商业地产，那两年因为国家政策导向，中小企业都买办公楼，我们销售增长非常快。但这两年国家政策导向了住宅，这就让做商业地产多的企业的市场上不来。所以为什么我们 2015 年和 2016 年慢了？实际上是商业地产没上来。"

对于京津冀事业部而言，来自商办产品的压力更为显著。自 2009 年开始，事业部进入北京并深耕当地，但北京住宅用地稀缺且竞争激烈、成本过高，这使得事业部所获取的地块多以商业办公类用地为主，商办产品比例一度达到 90% 以上。而且，事业部此前所开发的产品多处于郊县，当地的商业氛围并不浓郁，这无疑将给产品销售带来更大的压力。

---

① 钱跃东，王新宇 . 永不止步：从"中国的绿地"到"世界的绿地"[M].
北京：中信出版社，2018.

这种压力最先在房山区显现。房山是事业部最早进入的区域之一，2009年事业部率先拿下大兴黄村地块不久后，便成功进入房山，规划建设了后来名为"房山绿地新都会"的大型综合体项目。该项目位于房山区广阳路与京周路交汇处，集大型购物中心、商业街、甲级写字楼、花园美宅、星级酒店等多层次城市功能业态于一身。其中住宅部分建筑面积15万平方米，购物中心建筑面积5万平方米，而办公部分面积最大，达到38.6万平方米。该项目2010年底启动开盘销售，到2013年实现交付运营。

而到了2013年，事业部在房山又先后取得了拱辰地块（即后来的绿地启航国际三期项目）和大学城地块（即后来的

房山绿地缤纷城开业当日人流量达10万人次

绿地诺亚方舟项目），在这两个地块上面，事业部将开发建设超过 45 万平方米的商办物业。按照时间规划，这两个项目将在 2013 年至 2014 年开盘销售。由于当地商办物业的销售对象以投资客为主，因此，购买者很看重其未来的租金回报和升值空间，而同区域已交付项目的情况往往具有很强的参照作用。如果新都会项目无法吸引足够的企业入驻，无法培养起足够浓郁的商业氛围，那么势必打击潜在投资者的信心，进而对后两个项目的销售造成不利的影响。

事业部应该怎样应对这个挑战？

探路产业发展中心

现在已经是事业部总经理助理兼产业发展部总经理的王硕，刚进入事业部时是投资发展部的主力干将，参与过包括望京地块在内的十余幅土地的获取工作。2013 年下半年，喜欢尝试不同类型工作的他深感"拿地工作干得久了，心理上比较疲劳，感觉成长遇到了瓶颈"，便主动申请调岗到了商业管理部，负责商业综合体的招商工作。

其时，担任事业部副总经理的李蓟分管商业管理部和营销管理部，两个部门经常在一起开会，而房山几个项目的招商和营销自然也提上了日程。多次会议讨论之后，大家形成了一个共识，即单靠传统的销售体系，通过销售员向市场推销，办公产品是很难卖的。销售人员的话术再强，投资者只要到实地略作考察，看到当地的商业氛围不浓厚，特别是已经交付的写字楼空置率很高，就绝对不会出资购买。

因此，李蓟向事业部提议在营销部下设立一个名为"产业发展中心"的二级部门，以新都会项目为试点，由该部门专门负责产业招商工作，以盘活项目中的办公类产品，由此带动项目升值和后续其他项目的销售。这一尝试如果取得成功，便可以复制到其他区域，以推动商办产品的去化工作。根据最初的定位，这个部门的职责主要有这么几项：第一是招商，首先是要把能入驻绿地办公楼的企业找到；第二是与政府协调，招商引资需要政策支持，而政府也需要政绩，双方目标相同；第三是服务，在企业入驻的过程中，肯定会遇到各种各样的问题，产业发展中心要做好"解决一切问题"的服务工作。

当时，由于事业部在北京扩张很快，货值迅速增长，为了增强销售能力，事业部曾尝试着在营销管理部之下设立过多个二级部门。这其中有些尝试没有成功，有一些则在完成历史使命之后逐渐淡出，真正以部门形态长期存续下来的屈指可数。而且虽然产业发展中心的大致工作目标已经设定，但却没有成体系的操作办法，一切都有待探索。无论从何种角度来看，这都像是一种前途未卜的试探，人们很难在事前抱有过大的期待。

对产业运营有着极大好奇的王硕主动请缨来到这个新设的二级部门做负责人，从零开始自己的工作。加上王硕自己，新部门最初的成员只有区区两人，人少事多无头绪，一切都必须亲力亲为。为了贴近市场，他在房山的案场腾出了一个办公室，将主要的精力放在了当地。

近距离接触市场之后，王硕发现产业中心的工作难度比想象的更大。当时，房山还属于比较偏远的郊区，虽然在房山的传统中心区域良乡有一些居民的聚集，但其商业办公氛围并不成熟，许多居住在房山的人在市区办公，每天要在通勤上花费大量的时间，而当地除了工矿企业外，大量中小企业一般都在老旧小区或临街商铺办公，并没有进入写字楼的习惯。绿地进入房山之前，也有其他开发商拿到商办性质的地块，但因为不知道可以卖给谁，最后都以商改住的形式改造成公寓，以相对于住宅较低的价格，出售给因限购或财力不足，无法购买 70 年产权住宅的新北京人。在 2017 年北京"326 新政"①发布之前，这确实是商办去化的有效途径。但当时的绿地已经对大规模修

---

① 北京"326 新政"：指的是 2017 年 3 月 26 日北京市住建委发布的《关于进一步加强商业、办公类项目管理的公告》，其中规定："商业、办公类项目应当严格按规划用途开发、建设、销售、使用，未经批准，不得擅自改变为居住等用途。房企新报建商办类项目，最小分割单元不得低于 500 平方米；不符合要求的，规划部门不予批准。"该政策基本切断了商改住的流通途径。

改规划可能造成的政策反弹有所警惕，同时也存在对市场上酒店式公寓供应量过大的顾虑，因此在新都会项目中，事业部除了保留规划中的写字楼外，还将一部分原先定位为酒店式公寓的产品改成了办公产品。就这样，绿地新都会成了房山第一个高端写字楼项目，绿地成了第一个"吃螃蟹"的人。

第一只"螃蟹"不好下嘴，找到合适的突破口是关键。正如产业发展中心设立时所确定的三大职责，最首要的任务就是找到有可能入驻绿地办公楼的企业。对此，产业发展中心最初的思路是出一个租金补贴方案，再向区政府争取产业优惠政策，用成本优势和优惠政策叠加形成的竞争力，去海淀、朝阳等商务氛围较为浓厚、企业数量较多的地方撬动一些客户过来。按照这个思路，王硕等人费尽九牛二虎之力，在大北京范围内寻找目标客户，但收效甚微。

有一次，产业发展中心在海淀西部联系到一家从事远程教育的公司，给对方开出了非常优厚的条件，希望将对方引入新都会空置的写字楼。对方企业的负责人看了场地又听了条件，有些心动："新楼办公条件不错，还能降低办公成本，挺好。"可是回去以后一个星期，客户忽然没了热情，不再沟通入驻相关问题。王硕辗转打听，才得知这位负责人在内部会议上提出公司搬迁的想法后，在一周内收到一半以上员工的辞职信，辞职的原因都是不愿意跟随公司搬到房山。企业承受不起这样的人力资源损失，只好作罢。

还有一次，产业发展中心与一家做手机游戏的企业进行洽谈，由于绿地的办公产品档次比较高，租金也不贵，双方一度沟通得极为深入。但对方当时在谋划上市，比较了顺义区和房山区之间的上市政策之后，觉得顺义区的政策支持力度更大。王硕等人立刻去找房山区政府协商，希望房山区政府也能提供类似的政策。但由于政府的政策调整涉及多个部门的沟通，不可能立刻实现，而对方企业对单纯的办公成本下降并没有兴趣，这一合作最终也功败垂成。

经过长时间的尝试，失败多而成功少的现实让王硕等人渐渐意识到，在没有形成产业集聚、区域居住商业氛围未能有效提升、特殊的政策优惠又很难争取的前提下，单靠成本优势是难以将其他区域的企业引入到本地的。

因此，产业发展中心的工作思路，必须进行改变。

因势利导，独辟蹊径

当时房山区域的现状，确实不利于办公产品的销售，但经过实际工作的反复碰撞，事业部发现其实当地对于办公产品并不是没有需求，这种需求至少来源于三个方面的趋势。

第一个趋势是区域产业的升级换代。在上世纪七八十年代，房山以其极为突出的资源禀赋（储备有大量的煤炭、石灰石等），几乎为半个北京城供应了建筑材料，房山因此成为了京郊的第一工业大区，财政实力颇为雄厚。然而，九十年代以后，房山区依托自然资源为主的低水平的工业经济，错过了第二产业持续升级、第三产业蓬勃发展的机遇，越来越不适应首都城市功能定位和可持续发展要求。2008 年，房山区政府印发了产业结构调整指导意见，提出了包括"按照房山新城功能定位的要求，积极发展符合首都经济和新城功能的高端产业""以创新带动产业结构的全面升级和新城经济的健康发展""发展和培育一批在国内具有竞争力的重点产业集群""以发展生产性服务业带动区域产业结构调整……要成为首都服务业转移的聚集地"等关键要点的产业结构调整原则。"十二五"期间，房山区进一步提出了首都高端制造业新区和现代生态休闲新城的"一区一城"定位，到"十三五"阶段，"一区一城"功能定位的内涵进一步丰富与升华为建设"生态宜居示范区"和"中关村南部创新城"。从"传统"走向"创新"，这意味着以资源密集、劳动密集、高污染高能耗为特征的资源产业和低端制造业必将逐步被以资本密集、智力密集、低污染低能耗为特征的高端制造业和高端服务业所取代，而这也必将催生对高端写字楼的需求。

第二个趋势来源于京津冀一体化趋势之下，当地城市发展的现实需求。过去，北京市的城市规划受历史局限，整体呈现以故宫为核心、以环状向外铺展的格局，行政机构、商业枢纽、交通枢纽、大型企事业单位过度集中于中心区域，而大量人口居住于偏远郊区，形成了非常明显的"潮汐式"交通，也带来了诸如环境恶化、住房紧张、交通拥堵、服务资源匮乏、就业困难等一系列城市病。而解决这一问题的一种方法，就是在城市规划中摒弃"单核"而培育"多中心"。在《北京城市总体规划 (2016 年—2030 年)》草案中，就明确提出了'一核一主一副、两轴多点一区'的城市空间结构，而其中的"多点"，正是位于平原地区的顺义、大兴、亦庄、昌平、房山 5 个新城，将其定位为承接中心城区适宜功能、服务保障首都功能的重点地区。而要充分发挥这一功能，成为仅具备居住条件的"睡城"显然是不够的，而这恰恰对当地的办公条件提出了较高的标准和要求。

第三个趋势则来源于当地企业对办公环境升级的需求。其实，当时的房山已经产生了一些新兴产业的企业，随着这些企业的成长，老旧小区或临街商铺这样的办公场所已经不能承载他们的企业形象。但由于区域内缺少好的办公产品，这些企业或是没有意识到自己的潜在需求，或是意识到了更新需求却又无力改变。事业部只要找到这一类的企业，就等于找到了自己真正的目标群体。

想清楚这几个趋势，产业发展中心改变了自己的思路，将拓展对象主要聚焦在了房山当地的新兴企业中。很快，一家大型电商企业进入了产业发展中心的视野。这家电商企业专攻女性化妆品及周边产品，光化妆镜的年销量就能达到 1 亿元以上，其合作工厂开在南方，而企业总部位于房山。由于这家企业除了做零售业务，也向星级酒店等大单客户进行批发销售，因此常常需要进行正规的商务会谈。但是此前，这家企业的办公地点在一幢老旧办公楼内，硬件条件非常糟糕。为了避免给合作客户造成"实力太弱"的不良印象，他们往往将客户约到咖啡厅或酒店商谈，但长此以往，又担心被人误认为是空壳的"皮包公司"。如今，绿地所开发的高端办公产品正好符合这个公司的需求，而由于绿地在租金方面提供的优惠政策，办公成本也完全可以负担。双方一拍即合，这家公司很快便入驻到了绿地所开发的办公楼。

正确的思路造就了良好的开端，后续的发展也非常不错。不到半年，新都会项目就完成出租四个楼面大概 7000 平方米左右的面积，而在这些龙头企业的带动下，更多本地区和周边区域的中小企业也主动前来要求入驻。

随着招商引资工作逐渐深入，事业部也逐渐掌握了一些规律。由于房山项目的特点是办公条件较好而租金相对较低，但与成熟的产业园区和商业中心相距较远，产业链及终端消费配套不成熟，因此，容易引入的往往是一些看重办公环境以及办公成本，但对物理距离不敏感的产业，譬如创意设计、游戏研发、直播、数据分析、电子商务等等，其中以设计研发类文创企业为主。

在这一基础上，事业部开始有意识地培养产业集群，希望以此形成规模效应和磁吸效应，将越来越多的文创产业企业吸聚到房山区域中。恰逢区域产业升级，房山区致力于打造中关村南部创新城，将科技、金融、文化三大创新平台作为发展重点，绿地的思路与区政府不谋而合。于是，双方共同合作，在启航国际三期这个项目中正式挂牌成立房山区绿地文化创业产业园。这一产业园区的挂牌成立，为绿地的营销起到了很大的推动作用，帮助房山区实现了文创产业的集聚和税收增收，企业得到了实惠和帮助，实现了共赢的局面。经过努力，绿地新都会和绿地启航国际三期两个项目中新增注册了 1000 多家企业（不含已迁址但未转移注册地的企业），房山区文化创意产业协会亦整体进驻启航国际三期。

当然，能找到自己的目标用户并将它们吸聚起来，这仅仅是第一步。如果不能为入驻企业提供良好的服务，让企业真正感到入驻绿地的园区既实惠又方便，那么这些企业仍然有流失的可能。因此，产业发展中心一定要做好三大职责中的后两项工作：政府协调与企业服务。

打造企业服务平台

进入绿地的写字楼进行办公的企业具备一个共性，即多属于中小企业、创业企业。2013年时中央政府还没有发出"大众创业、万众创新"的号召，地方政府对于中小微企业也没有系统性的扶持政策，招商引资的主要思路是"总部经济"模式，希望能利用税收、土地等优惠，直接将大企业的总部引入当地，立竿见影地解决就业、创造税收。事业部在招商过程中，明显感觉到在缺乏产业链集聚和尖端人才引进的前提下，引入大企业总部是很难实现的，因此整体思路是以拓展中小企业客户为主，而实践也证明了他们的思路非常正确。

事业部曾对入驻企业进行过细致的调查研究，成功地找到了这些企业的痛点和需求。中小企业的业务模块通常相对集中，人员组成比较简单，多数配置在业务环节上，而办公辅助部门的人员比较少。这样一来，一些非主营业务的环节，就往往成为其痛点。比如说办理工商手续，现在政府已经提倡简政放权，但在2013年左右，各类手续还相对繁琐。一个人员配备不过十余人的小企业，办理各式各样的手续往往就需要三五人，而且由于流程不熟悉，常常会出现漏办错办，一旦出现这种情况，整个手续都可能要重走回头路。还有，由于规模小，这些企业一般难以自行配备食堂、休闲室等生活服务部门，而周边的商业配套也不太完善，员工为满足各类生活需求，都需要耗费较长的时间或是支付较高的成本。此外，中小企业需要的办公面积通常较小，租用大面积的会议室可能是一种奢侈，但若是遇到正规的商业会晤，会议室又成了刚需，到底该不该化这个钱，实在是两难的抉择。

针对这些入驻企业的现实需求，产业发展中心成立了"中小企业产业发展与扶持平台"（后来在集团内推广，统一定名为企业服务平台），这个平台的主要工作就是帮助入驻企业解决各种各样的周边需求。譬如说，2013 年底，企业服务平台在新都会项目中打造了一站式服务大厅，协调相关政府部门和金融机构派驻相关工作人员，为园区企业提供招商政策咨询、金融服务、物业服务等。以工商注册为例，平台与房山区工商局开展合作，为所有入驻到绿地项目的企业专门开通了"绿色通道"，并安排"雷锋岗"，由平台工作人员带队统一、集中到工商局为企业办理工商注册。这一举措为企业节省了时间，降低了成本，提高了效率。同时，针对入驻企业普遍存在融资难的问题，平台与中国银行、中信银行等开展合作，共同设立融资服务窗口，专门为企业提供金融咨询，量身定制金融服务产品，并定期针对金融知识、经济趋势、融资风险管控等内容举办培训、沙龙相关活动。针对写字楼周边商业配套不足的问题，绿地则推出了自己的商业品牌"绿地商魔方"（值得一提的是，"绿地商魔方"的商业配套模式经由京津冀事业部提出后，后来还进一步推广到了整个绿地集团），在写字楼周边配建了一系列的公共食堂、银行网点、便利店、咖啡厅、洗车中心、健身房等商业配套设施，这些配套与写字楼白领的生活息息相关，解决了入驻企业员工的基本生活需求问题。而在办公配套设施这个刚需上，绿地则推出了可以灵活租赁的会议室，以"共享办公"的理念，实现入驻企业对公共区域的共享，让企业租一百平方米房子，却有几百平方米的使用价值和展示效果。

此外，企业服务平台还多次协调组织都市报、门户网站等主流媒体参观园区走访企业，为入驻企业搭建了有效的传播资源，既帮助入驻企业扩大了知名度，也在无形中提升了平台的价值。而且，绿地还通过与中国中小企业合作发展促进中心这样的事业单位建立联系，从政策推动、人才培养、资源协调等多方面，帮助入驻企业提升核心竞争力。

以往写字楼的招商引资，开发商都将巨额费用花在广告上，而企业服务平台的建立，则将原本的推广费用直接用于扶持企业，让企业享受到了真正的优惠。而反过来，入驻企业也在潜移默化中帮助绿地培育市场。这些企业在绿地商办物业中安顿下来并且获得了长足的发展，这种生动的真实案例比广告的展示效果当然要好得多。

而随着时间的推移，企业服务平台的服务能级也在不断提升。如果说此前绿地所提供的服务，主要是围绕着企业的周边需求展开，解决其在非主营业务上的低效率、高成本的问题，那么此后，随着绿地与入驻企业的熟悉程度越来越高，入驻企业数量越来越多，企业服务平台逐渐具备了信息互联互通的能力，进而实现了入驻企业与绿地、入驻企业之间的业务合作，逐渐构成了以企业服务平台为基础的产业生态系统。在这种情形下，绿地与入驻企业之间的关系，就由简单的租赁关系变成了更有想象空间的业务合作关系。事业部内部将这种变化，称为企业服务平台从 1.0 版本向 2.0 版本的进化。

"房山模式" 脱颖而出

成立于 2010 年的光合文化创意产业集团（以下简称"光合文创"）是绿地最早引入的企业之一。最初，绿地与光合文创之间是纯粹的开发商与客户、业主与租户之间的关系，光合文创出于企业发展做大的需要，在绿地新都会的办公楼中租了一层楼用于办公及孵化文创类企业，仅此而已。

但入驻之后，光合文创渐渐发现，绿地似乎与通常的卖（租）完房就走、把后续的服务扔给物业公司的开发商有所不同。绿地办起来的企业服务平台，对企业的服务非常周到，除了最基本的工商注册、法律服务等之外，还会联系企业的实际业务，主动帮助企业对接一些资源。比如说，光合文创需要对接区政府、文促中心这样的政府部门时，绿地会积极引见推荐。此外，绿地还会运用自己的媒体影响力，帮助入驻企业进行宣传，包括光合文创在内的许多优秀企业，都免费享受过这样的资源。这些服务和帮助，让光合文创的董事长赵兴朋颇受感动。

而事业部也很快注意到，光合文创这家企业具备很强的城市综合体规划设计、田园综合体规划设计、村落改造规划、产业园改造规划能力，而且其董事长赵兴朋是行业内年轻的"老"专家，能邀请到文化界不少泰斗来担任公司的顾问。这样的智力密集型的文创产业不仅是当地所支持的，甚至能对事业部未来的地产开发业务形成助力。简单说来，光合文创的设计能力和绿地的开发能力能够互相支撑，光合文创作为绿地的"创意总监"能帮助绿地提升开发方案的价值，而绿地作为光合文创的"大业务员"则可以帮助光合文创取得项目。

很快，双方就开始了实质合作，由于绿地以开发城市综合体见长，合作最初在这一层面开展。而到了 2017 年，绿地将开发特色小镇提升至战略高度后，双方的合作空间进一步放大。事业部在保定所商谈的特色小镇项目——直隶文化特色小镇，就是与光合文创共同合作的成果。在这一项目的顶层设计中，光合文创负责前期方案设计及相关文创产业的引入，而绿地则负责开发建设。

正是因为事业部在企业服务层面做出的卓有成效的工作，光合文创从在新都会项目中租用一层楼，发展到在启航国际三期项目中租用一整栋楼。事业部通过强调运营，挖掘用户价值，不仅解决了商办产品运营的问题，更为自身的业务发展打开了空间。

另一家典型的企业是青创动力（北京）科技孵化器有限公司（以下简称"青创动力"）。2014 年 6 月，青创动力已经做起了创业企业孵化器，提出要打造房山青年创业高地，但当时的市级众创空间的门槛是 5000 平方米，青创动力暂时无法达到这一标准，只能拿到区级众创空间的牌照。同一年，青创动力创始人李长雨一行随一位市领导来房山调研时，接触了事业部的相关人员后，在绿地的帮助下，租用了绿地新都会项目的办公楼，成功跨过这个门槛。

随后，双方利用各自的优势，不断合作举办活动，吸引了大量创业企业进入青创动力体系，同时也租用了绿地大量的办公楼。2016 年 9 月，在北京文博会上，青创动力和京津冀事业部正式签约，入驻启航国际三期 4 号楼。2017 年 9 月，双方联合举办了 5 场活动，围绕双创主题分别举办了路演和人才论坛等，为企业提供了服务及指引，活动现场参与总人数合计超过

600 人次，线上平台直播观看人数超过 10 万人次。同时，双方宣布合作成立"绿地国际创客中心·国际创新园"，吸引房山大学城不同高校的国际留学生创客团队入驻。2017 年 10 月，北京理工大学科技成果转化项目——北京五环伟业科技发展有限责任公司也正式入驻绿地国际创客中心。

与事业部展开合作的还有北京大学创业训练营（以下简称"北创营"）。这一机构是北京大学校友会、产业技术研究院、工学院及北大企业家俱乐部等单位为了进一步提升大学服务国家战略的能力，扩大学校在国家经济结构调整和发展方式转变的大格局中所起到的积极作用，而共同发起的"北京大学创新创业扶持计划"中的核心组成部分。北创营旨在利用北京大学的教育资源、校友资源，以理论结合实际的课程培训体系为依托，以企业导师计划及创业服务联盟为特色，综合帮扶创业者解决企业创建和发展期的战略规划设计及实际经营问题，其邀请北大知名学者及创业家校友全程讲授，并推出创业导师计划，引入早期创投基金，综合扶持、孵化创业项目。北创营房山基地就位于绿地启航国际三期，基地面积 2800 余平方米，设有孵化区、多媒体教室、多功能会议室、休闲交流区、企业加速器、专业服务区。

正是因为聚合了许多类似于光合文创、青创动力、北创营这样的机构，绿地房山项目的热度不断提升，入住企业持续增加，区域办公、商业氛围愈来愈浓。2014 年，北京市社科院对房山区产业发展及未来产业规划的情况做专题调研时，专程前来调研绿地房山项目的发展情况。在听了绿地为促进产业发展而做出的种种努力，并亲眼看到绿地房山项目给当地带来的变化之后，研究员表达出了再三的赞叹。后来，北京市社科院首次提出了"绿地房山模式"这一名词，并将其列为重点课题的研究对象。受此影响，其他区县政府也频频派人前来考察："你们是怎么做的，搞出这么大气势？"

"房山模式"在绿地集团内部也掀起了热潮。其时正值绿地在全国范围内向商办领域大举扩张，而潜在的销售压力已经显现。京津冀事业部在房山的探索，通过强化售后运营及自持物业运营，有效地培育了产业，既增加了销量，也提升了物业价值，具有很强的示范意义。2014 年 9 月，集团总裁张玉良签发了一份文件，充分肯定了京津冀事业部在商办运营上的努力和成效，并要求其余事业部在规定时间内向集团内上报如何开展这项工作。一时间，各事业部纷纷派员前来北京考察取经。

到 2015 年，在绿地集团内部发布的《绿地集团中期发展规划纲要（2015–2020）》中，这样写道："在具体发展实践中，集团将围绕宏观经济和行业发展的新趋势，加快创新转型，着力提升房地产主业的核心竞争力，使其实现从偏重规模到偏重盈利、从偏重开发到开发运营并重、从偏重国内开发到全球开发等三大转变。"其中"从偏重开发到开发运营并重",正是从集团战略的高度,肯定了京津冀事业部所造就的"房山模式"。

也正因此,2015年年初,产业发展中心更名为产业发展部,正式从二级部门升格为一级部门(这在整个绿地集团中都十分罕见)。如今,部门人员已经扩编至近20人,比成立之初增长近10倍。

走向"互联网+"

2015年初,除了将产业发展中心升格,事业部旗下还新设了一家公司。这家名为北京睿天下新媒体信息技术有限公司(以下简称"睿天下")的新公司,可能是绿地集团旗下唯一一家既不使用"绿地"字样,也不使用集团Logo,从一开始就打定主意走市场化道路、独立发展的子公司。

创立睿天下是事业部新任总经理欧阳兵的主意。当时,事业部已经深刻意识到线下企业资源的价值其实远远超过绿地开发出来的产品本身,并通过持续升级服务,挖掘这种价值并将其最大化。但是,在没有互联网工具之前,与企业之间的信息沟通、资源共享都只能依靠人力来实现。编制不是无穷的,个人的精力和视野也有限,如果持续依靠这种传统的作业方式,绿地和入驻企业之间的融合共生很难从点状发展到面状，也很难做深做透。

在这个背景之下，欧阳兵提出了利用互联网产品，将企业服务的容量和范畴进行扩张的想法。经过一番讨论，睿天下应运而生。这个新公司是互联网公司，对于绿地这样的传统企业，可以说是跨行经营。但睿天下的实质还是搭建服务平台，是产业发展中心从线下到线上的延续，是企业服务平台叠加互联网之后的形态。

有了比较清晰的顶层设计，睿天下的工作思路就变得非常清晰。实际上，睿天下并不是一个单纯的线上平台，其线上的作用主要在于信息收集、数据分析、展示等，最后的核心服务功能还是要落实到线下。因此，睿天下的商业模式更加接近于 O2O（Online to Off line，从线上到线下）。

此外，睿天下的主要服务对象是企业，这使得其与一般的面向个人消费者的互联网企业也有很大的区别。由于针对消费者的互联网产业存在边际成本低、切换成本高的特点，其规模效应特别明显，所以互联网企业首先考虑做大业务规模，提升市场占有率，其次才考虑盈利的问题。譬如打车软件滴滴和快的合并之前，两者均曾疯狂"烧钱"补贴司机和乘客，以此来抢占市场，而资金来源主要是融资而非经营利润；中国最大的自营电商企业京东 2004 年开始涉足电子商务，但一直到 2017 年第一季度才首次实现单季度盈利。

　　但绿地主要从事传统业务，睿天下所从事的企业服务业务也难以快速扩张产能，因此快速做大规模并不是其第一要务，更不能以烧钱来吸引流量，否则会出现产能跟不上需求的情况，而且会吞噬主业的利润，反过来拖垮房地产主业。

　　在这些工作思路的指导下，睿天下于 2016 年年初推出了一款名为"时在"的 App。运行了一年之后，"时在"已经积累了 2800 多家有效企业用户。这些用户是如何积累的呢？原来，睿天下在初期以入驻绿地的企业为目标用户，在其工商注册阶段就与企业取得联系，此外又做了一些推广活动。入驻企业通过这一途径下载并使用 App 后，感到自己确实获得了实惠与帮助，又会向其他相关企业推荐介绍，形成引流。

2016 年 01 月 11 日 "时在" APP 正式亮相

通过"时在"App，入驻企业能解决诸如注册代办、空间租赁、金融服务、法律服务之类的常规问题，还可以借助其扩大自己的业务范围。例如，入驻绿地房山项目的企业以前只有房山的业务，但通过"时在"App，他们有可能找到通州、顺义的业务需求，这无疑给企业发展创造了更大的可能。

政府部门对于企业数据也有需求，譬如招商部门对企业注册信息了解有限，而工商部门了解注册信息，却不了解企业发展情况。通过与睿天下合作，政府部门能够更好地掌握这些动态信息。解决政府部门的痛点，政府部门反过来也会对这样的创新发展方向给予政策支持。

现在，按体量而言，绿地或许已是全国商办物业领域最大的开发商，这意味着其手中已掌握海量的企业资源。这些企业资源，绿地从前只是将其视为交易对手，销售了之后就不再重视；但现在，他们开始有意识地掌握和运用这些企业信息以及互动关系，并视其为蕴含着无穷价值的金矿。"如果我们建立了这个数据关系库，深化它的价值，完全有可能在企业级市场上建起一个'阿里巴巴'。"

这看起来是一个很大的野心。但别忘了，十多年前，有多少人听说过"阿里巴巴"呢？

全产业孵化大平台

在绿地集团成立以来的二十余年中，其企业发展方向曾数次更迭。这家公司的成立初衷是为了改变上海市绿化面积过低的现状，但由于政府要求公司"自负盈亏"，绿地必须自己探索出一条盈利的道路，从市场上赚到钱再投入到绿化建设中去。经过许多次失败的探索，绿地最终以动迁房建设作为了自己的主营业务，并在上海大规模城市改造的背景下获得了迅速的成长。而随着福利分房制度的结束，城镇化在全国范围内的大规模展开，绿地及时地走出上海，成为一家全国性的房地产开发公司，在更广阔的市场中发展得更为茁壮。

到 2005 年，在房地产行业全局性宏观调控的背景下，绿地由于没有及时停下扩张的脚步，资金链一度紧绷。这让张玉良警醒到，房地产行业是一个受宏观经济、政策导向影响非常大的行业，只有走多元化的道路，扩大自己的业务范围，才能平抑单一行业周期性波动对公司造成的不利影响。在这种思路指导下，当年绿地在房地产板块之外，成立了建设、商业、能源、汽车服务四大产业集团。自此开始，绿地又从一家房地产公司变为"1+4"的综合经营集团。

此后，绿地房地产板块的营业收入每年均大幅增长，但其能源板块的增长幅度更甚。到 2011 年前后，绿地能源板块的营业收入甚至一度超过了主业房地产，这令外界惊奇地发现，绿地又变成了一家以能源＋地产为主业的企业集团。[①]

2012 年—2014 年，外部环境再次发生了深刻的变化。一方面，能源行业长时间、全局性的低迷严重拖累了集团发展，并开始不断消耗集团的资本；另一方面，房地产行业全局性快速增长的"黄金时代"渐告终结，区域和产品结构均开始分化。面对这些变化，绿地集团因势而变，在 2015 年提出了"一主三大"的战略构想，即持续做强房地产主业，加快发展"大基建、大金融、大消费"等三个重点领域。基于这种构想，各区域房地产事业部也加快了向区域总部的转型，意在强化四大产业的横向贯通。2017 年 6 月 6 日，京津冀区域管理总部正式挂牌成立。

绿地集团自身的全产业布局和商办运营的产业导入起到了很强的互联互促作用。以"大金融"板块为例，绿地有自己的股权投资平台，企业服务平台所聚合的优质企业资源，可以为金融板块提供良好的投资标的；而金融板块的参股公司，又可以集群式导入绿地的商办楼宇。以"大消费"板块为例，绿地的"全球商品直销中心"（G-Super）直采海外优质产品，符合

---

① 屈波，郭建龙. 势在人为：绿地廿年进入世界五百强 [M]. 北京：中信出版社，2012.

消费升级的需求，是高端商办物业的优质配套，而高端商办物业也可以为其解决终端需求问题。

此外，绿地还注重导入产业的前沿部分，即高校的研究资源。绿地集团将校企合作作为 2017 年四大重点战略之一，集团先后与复旦大学、上海交通大学、同济大学等著名高校合作创办科创公司，而京津冀事业部也与北京大学、北京理工大学等知名学府开展合作。譬如，如今在启航国际三期的园区中，北京大学校友会联合房山区人民政府共建的"北京大学创业训练营房山基地"就已经入驻 7 号楼 3、4 层，通过搭建创业者交流互助平台，打造从创业教育、导师服务、政策对接、产业服务、初级孵化到天使投资的全链条创新创业扶持与孵化基地。

产业资源集聚之下，绿地房山项目正日渐蓬勃。如今，绿地新都会、启航国际三期、绿地诺亚方舟三个项目相互辉映，有了一个共同的名称："房山绿地智汇产业城"。产业汇聚，智慧激荡，绿地已不再是传统房地产开发商的模样。重产业、重运营，"房山模式"的标杆之下，绿地正在向"城市综合运营商"的远景目标大踏步前进。

第六章　巅峰再造

闪耀京华

2014 年，受经济增速持续趋缓、库存高企等因素的影响，全国房地产市场出现大范围降温，房价增速明显回落，为 2008 年以后历年最低；与此同时，土地成交量与房地产投资增速都较往年有明显下降。也就是在这一年的年中，王石提出了"房地产黄金时代已经结束"的判断。

随着普涨性行情向结构性行情的转变，房地产行业内部也开始了分化，强者愈强、弱者愈弱的"马太效应"渐渐显现。这一年，地产行业历史上首次出现年销售额破 2000 亿元的企业，而且一下子就出现了两个：一个是长期以来的龙头企业万科，另一个则是近年来异军突起、迅猛生长的绿地。

万科率先进入"2000亿俱乐部"并不令人惊讶。创办于1984年的万科早先从事的是物资贸易，1988年进入房地产行业。而从1994年起，被无关多元化所困扰的王石开始给万科做"减法"，将所有与房地产业务无关的产业全部剥离，走上了专业化发展的道路。二十年来，万科以精益求精的"精品意识"锻造业务，在全国范围内形成了良好的口碑，开发量、销售额连年居于行业首位，是当之无愧的市场标杆。

绿地的入围则多少有些让人侧目。5年以前的2009年，当万科以630亿元的销售额夺得当年销售冠军，成为中国首家年销售额突破600亿元的企业时，绿地仅以360亿元的销售额排在第五，规模不到万科的六成。但其后绿地的发展速度几乎可以用一路狂奔来形容：2010年销售额大涨80%至650亿元，排名上升至第三；2011年上涨19%至776亿元（受当年严厉的宏观调控影响，当年所有房企销售增速均明显放缓）；2012年上涨39%至1078亿元，排名上升至第二；2013年再上涨51%至1625亿元，与万科仅仅相差80亿元，两者之间气息可及，绿地内部对此评价"也就是两个项目的差距"。多年以来，真正能够动摇万科霸主地位的挑战者终于出现，这大大刺激了媒体的神经，"万绿之争"的说法开始在坊间流传。

而到了2014年底，"万绿之争"的喧嚣声达到了顶峰。按照绿地所公布的数据，当年其销售额达到了 2408 亿元，大幅超越了万科的 2151 亿元，登顶房企销售榜。由于绿地并非上市企业，没有义务公布自己的财务报表，外界对这一数据雾里看花，自然褒贬不一，议论纷纷。万科并没有正面回应绿地的追击，仅仅用了一句"你们懂的"含糊应答，内中情绪复杂，似乎不宜细细剖解而为外人道。而其总裁郁亮在平安夜前夕，发布《致万科全体同仁的一封信》，其中写道："从今年开始，我们对于传统业务规模数字的扩张，甚至要保持警惕的态度。规模是一把双刃剑。它意味着行业地位，意味着规模效应带来的好处。但它往往也意味着更大的资源占用，意味着形成更多存货的可能。"阐明了万科对于规模的辩证态度。

但无论人们如何解读这一场榜首之争，绿地的崛起已经成为了不争的事实。而在曾被张玉良视为遗憾的京津冀区域，绿地的业绩也正呈现爆发式的增长。2008 年京津冀事业部刚刚落子华北时，其年销售收入还不到 1 亿元，一年后就增加到 13.6 亿元。而到 2010 年，事业部凭借进入北京的第一个项目——大兴绿地中央广场项目中住宅部分的旺销，年销售收入猛增至 74.5 亿元，两年增长了七十多倍。

星星之火，可以燎原。大兴首作的成功使得绿地在北京站稳了脚跟，并开始迅速扩张。此后，绿地在大兴、房山、顺义、通州、密云、朝阳、昌平、海淀等地开枝散叶，先后打造了大兴绿地中央广场、房山绿地新都会、顺义绿地自由港、通州绿地中央广场、密云国际花都、望京绿地中心、昌平 TBD 云集中心等超过 20 个项目。一时间，绿地的作品如同群星闪耀，在北京的版图上熠熠生辉。正是由于事业部上下的不懈努力，2014年当年，事业部实现销售收入 180.1 亿元，是 2008 年的近 200倍！而如果将事业部作为独立企业在全国范围内进行排名，则其竟能进入全国房地产企业 50 强，排名高达第 41。

比销售收入更可喜的是绿地为入驻区域所带来的贡献。绿地在北京所进入的区域多以郊县为主，当地原先的商业配套较为低端，商业氛围也不浓郁，通常仅能满足最基本的生活需求。绿地进入以后，由于其开发的多为高端商办产品，又能通过运营引入大量的优质企业和优质商家，这不仅能够满足人们的现实需求，更有力地推动了区域的成熟与发展。例如，绿地在大兴拿的第一块地在开发前只是一片荒地，绿地在这片荒地上投资开发了大型城市综合体"绿地中央广场"，其中的商业部分"大兴绿地缤纷城"汇聚了大量年轻人喜爱的新兴品牌，有超过 40% 的品牌是首次进入大兴，这促使了人流与物流在本区域的集散，现已将所在的高米店南区域培育成了大兴最重要的商圈之一。又例如绿地成功进入大望京区域，以建筑组团"望京绿地中心"定义高端商务区的制高点，不仅在外观上塑造城市，更引入阿里巴巴北方运营中心等重点企业，充实了望京"第二

CBD"的内涵。更不必说以房山智汇产业城为代表的"房山模式"，绿地从单纯的房地产开发商进化为城市运营综合服务商，成功联动政、企、校，驱动区域产业升级……凡此种种，不一而足，正是这些可以量化和不可量化的成就，夯实了绿地在北京的地位，"京城商办之王"的桂冠，隐然间已落到了事业部的头上。

昔日的梦想，正在一步步变作今日的荣耀。不过，今日的荣耀，是否能够持之以恒，永放光芒？

重塑精神

2014 年 11 月，时任绿地集团苏南事业部常务副总经理（主持工作）的欧阳兵忽然被张玉良召至上海，旋即"空降"北京，成为京津冀事业部新任一把手。

在上任之前，张玉良曾与欧阳兵有一番交谈，既肯定了京津冀事业部在过去快速发展取得的成绩，同时却也指出了发展质量上存在的一些不足。因此，踏上北京地面的欧阳兵，胸中虽然也有执掌重镇的豪迈，但更多的却是沉甸甸的责任感。时近年末，他一方面必须带领事业部抓紧冲刺，以落实年度销售目标；另一方面却要完成近距离的观察，理清问题所在，并有的放矢地予以解决。

　　经过一段时间的观察，欧阳兵发现，事业部在过去几年尽管获得了大发展，但周转效率偏低的问题已经有所显现。由于各项证照办理周期相对冗长，工程进度因此受到影响，从而导致回款效率不高，继而又影响了事业部的资金流动性，造成工程款项支付延后，进而再次影响到施工进度，又接着影响后续证照的办理。一个节点滞缓，造成全局性的效率降低。

　　除此之外，还有一些深入到工作中去才会发现的问题，譬如有的项目擅自向客户承诺一些兑现不了的承诺，引发客户投诉和行政处罚等。这些历史遗留问题往往都存在牵涉主体多、利益格局交织的复杂局面，不仅给工作推进带来很大的难度，而且对当期业绩及未来业绩都有直接的影响。造成这些问题的原因既有客观，也有主观，但核心原因在主观。早年间，曾有员工以裹军大衣睡售楼处的拼命精神、时间节点细化到分钟的缜密态度，创造过一个星期办出五个证的奇迹，但随着近年来事业部的快速发展和一个个辉煌成就的取得，进取精神有所减退、畏难避战的现象已经在不同程度上开始出现。

　　其实，在任何一个组织由小变大的过程中，进取心与责任心减退、"搭便车"行为多发、路径依赖严重等"守成困境"常常会集中出现。中国民间有一句俗语"打天下容易，坐天下难"，即以形象的语言指出了"守成困境"的常见和难以克服。在一个组织还十分弱小，面临最基本的生存问题时，组织中的个体往往能够统一目标（即求得生存和发展），高度配合，进而迸发出难以想象的合力。但当其逐渐壮大、进而取得一定成就时，个体间的分化就出现了：有些人依旧怀抱远大的志向，对继续开疆拓土充满渴望；有些人则变得保守胆怯，倾向于稳守已经获得的成就，不愿意再冒风险；更有甚者，还可能热衷于既有成果的内部切割，以政治权谋互相倾轧，争功诿过，造成内耗，对整体战斗力造成巨大的负面影响。而且，此时的组织往往存在体量庞大、决策链条长、组成机构多的状况，这当然会使整体利益、小团体利益和个体利益之间的复杂博弈变得普遍，进而对战略目标的实现形成致命的干扰。日本四大"经营之神"之一、京瓷的创始人稻盛和夫，对此的解决办法是将自己的经营单元"打碎"成为"阿米巴"①，对每个阿米巴实行独立核算，这样，所有阿米巴均有动力以灵活而进取的姿态面对市场，以此来提升自己的销售额并控制经营成本，这自然使个人与小团体的小目标与整个企业的大目标达成了一致。在中国，海尔的组织转型也遵循着类似的思路。

---

① "阿米巴"(Amoeba) 在拉丁语中是单个原生体的意思，属原生动物变形虫科，虫体赤裸而柔软，其身体可以向各个方向伸出伪足，使形体变化不定，故而得名"变形虫"。京瓷的经营方式与"阿米巴虫"的群体行为方式非常类似，于是其经营模式被称为"阿米巴经营"，而其中的基本核算主体即为"阿米巴"。

当然，阿米巴经营模式或许并非放诸四海而皆准。相对于价值链条较短的制造业，房地产行业是一个长价值链、资源整合式的行业，要求经营主体必须具备较大的规模（以此来提升其资源整合能力和低成本资金获取能力），拆解成最小单元反而对经营不利，因而必须运用其他方法。

对于如何克服企业的官僚化倾向，张玉良其实颇有心得。绿地集团在其头二十年的发展历程中，年营业收入复合增长率超过 40%，远远高于国有企业平均水平，除了得益于其进入了一个高速扩张的好行业之外，也得益于张玉良始终孜孜不倦地传达和灌输的"永不满足、永不止步"的企业精神。譬如，早在 2004 年绿地营业收入刚刚突破 100 亿人民币时，张玉良注意到已有员工开始自满，旋即高调提出绿地要冲击世界 500强——而当年绿地的销售额与世界 500 强的末位实际上还有八九倍的差距；而 2012 年，当绿地真的闯入世界 500 强之后，他却又在集团内号召"二十年后再出发"，并将新目标改成了"冲击世界 200 强"。

现在，重塑企业精神这个任务又摆到了绿地京津冀的新一届领导班子面前。他们也需要向员工喊出一句"再出发"，以刺激这个在经营上正在奔向荣耀的顶峰、而内部却已经隐藏危险的集体。

结果导向

2014 年年底，欧阳兵在他的新年致辞中这样说道："时代变了，我们的观念变了吗？房地产行业背景变了，我们的战略战术变了吗……大变革！这是一个最坏的时代，它抹杀我们过去积累的宝贵经验，它让我们在新的大潮冲击下手足无措，它让我们战战兢兢直面生死，稍不小心就会被淘汰！这是一个最好的时代，它给我们每个人重新归零的平等机会。每个人重新回到同一起跑线，比赛学习能力、比赛看清前进道路方向的眼力、比赛抢跑技巧！"

"最好的时代"与"最坏的时代"是英国文学家狄更斯在《双城记》中的著名表达，人们常常借以描述当前局面的喜忧交织。对此时的房地产行业而言，市场增量空间正在迅速缩小，而新模式、新动力尚未造就，其中既隐藏巨大的危险（如果循着原有路径继续蒙眼狂奔），也蕴含着巨大的机会（如果找到下一个具备巨大空间的蓝海市场），因此，"最好的"和"最坏的"的评价确实恰如其分。在这种具备转折意义的复杂局面之前，唤醒队伍的斗志就变得非常重要。而唤醒斗志的方法也很直接，即设定目标，并以严格的考核督促队伍向目标挺近。

不过，与集团总裁张玉良"世界 500 强"、"世界 200 强"

这样更重战略意义的目标相比，事业部管理层的着眼点必须更为细致。欧阳兵与他的核心管理团队通过务虚碰撞，统一了思想，严格对照集团当年提出的"转变观念，革新方法，改造团队"12字方针，明确只以成败论英雄，将考核直指业绩目标和工作的时间节点。同时，设定红蓝线制度，以报集团全面预算节点和指标作为考核红线，事业部按照这个标准自我加压设定考核蓝线，明确标准，重奖重罚。

其实，"以结果为导向"的考核理念一向是绿地的传统。集团本部一直以高标准的考核要求鞭策各事业部向前（每年的指标均以很快的速度上涨），并明确告知大家"不进是退，慢进也是退"，而且具体的经营指标都会分解到个人，到年终，不看资历，不问过程，只以结果论英雄，能者上，庸者下。在京津冀事业部，大家同样对此认知颇深——工作年限较长的同事，都把这种简单直接的考核理念称为"没有苦劳，只有功劳"。这样的理念乍看之下似乎有些不近人情，因为实际工作中难免会遇到客观困难，而有些困难的解决并不以个人意志为转移，付出心血不一定能得到相应的回报。但老员工们对这种理念普遍较为认可："这种理念很单纯，大家只要想尽办法把事情做好，不用考虑那些复杂的办公室政治，这样一来工作氛围就比较好……其实，要想做不成一件事，可以找的借口太多了，只要容忍一个借口，事情就肯定办不成；但要想做成事，就一定会找各种各样的办法，办法总比困难多，最后的结果也不会太差。"不过，随着近年来事业部项目的快速增加，人员数量也呈现爆炸性的增长，这确实在一定程度上冲淡了这种文化；另外，一些考核内容比较繁琐或不具备刚性约束，这也使得考核指标的鞭策效果下降。

新领导班子的应对办法是，将考核目标精简为最关键的几项经营指标，并将指标分解到具体的部门或经营单位头上，同时明确奖惩规矩：没有借口，不找理由，完成目标就有重奖，完不成目标就要重罚。这并不是虚张声势，因为第一个季度就有干部因为未完成考核目标而被停发奖金，而半年之后，则发生了干部调整这样更具震慑力的事件。

在简洁而严厉的"结果导向"指挥棒下，事业部的精气神为之一振，在工作上奋勇争先甚至创造"奇迹"的案例又开始涌现。在事业部后来收购的石家庄项目中，一位工作人员因为时间节点将近，必须将正常状态下至少需要两周左右时间的一套流程压缩在五天之内办完，于是他一方面采用"人盯人"的方式，盯住政府部门相关经办人，持续而又不失礼貌地请求对方保证审批效率；另一方面则理清流程中每个细部节点，以良好的向上管理能力，协调事业部提前准备好政府审批所需要的材料。最终，果然在规定的时间内完成了所有工作。

无独有偶，在大兴一个项目的建设过程中，也体现出了这种"结果导向"的激励作用。当时，按照项目节点管理目标，这个项目必须要在年底完成竣工备案，但是一直到当年10月，主体结构虽已封顶，但结构工程并未完工，所有专业工程（包括结构、精装、机电、市政等）的进度均滞后计划节点。工程部也曾多次约谈各施工方，但现场施工进度仍然缓慢，人心涣散。10月的北京，已临近秋末初冬，施工大干的大好时节也仅有月余，要确保项目年内竣工备案，按当时的状态已无可能。但到10月14日，事业部和区域中心的领导组织所有参建者召开了抢工动员大会，明确"年内竣工备案的目标不变"，并宣布了相关奖惩计划。接着，区域中心领导又亲临现场，帮助项目部理清思路，通过召开工程进度计划会，倒排工期，找出关键线路，逐一跟进落实。这种"结果导向"带来的激励是明显的，项目部所有工作人员精神饱满，紧张忙碌地投入工作，不再迷茫和迟疑；每晚八点召开工程计划与落实会议，会议室的灯亮到午夜，不再漆黑宁静；时间节点计划上墙，所有参建单位也主动配合，不再消极怠工；施工现场人机料迅速增加，随处可见忙碌的身影和轰鸣的机器，一片热火朝天的景象。最终，该项目提前十五日完成了竣工备案工作。

背影效应

"结果导向"是一种严格的考核手段,但在绿地的管理文化中,管理自身比管理下级更为重要。张玉良对中层管理者时常强调:"你要你的下属怎么做,就让他们看你怎么做。你要问我怎么做,就看我怎么做。"而他在工作上的拼搏与自律确实令人钦佩。如今已年过花甲的张玉良,始终保持着比正常上班早一个半小时以上、周末也不固定休息的作息习惯,而出差时则常常在一天内跑多个场合,连轴转地做成三四件事。

行胜于言。一个团队的凝聚力往往源于统一的价值观,但这种价值观光靠口头传达没有用,必须依靠核心层的身体力行来使之凸显,并一级一级地传导扩散。受张玉良的影响,绿地的中高层管理者普遍有着比较强的自律意识,在要求别人做得好之前,首先确保自己做得更好。欧阳兵到任后,在工作纪律和规范上提出了一些更高的要求,譬如要求严格遵守考勤纪律,而对中高层管理者,甚至要求他们提前到岗;譬如在合作商选择上,要求各级管理者必须严格遵守集团招投标规范,不允许有私相授受的行为。但在提出要求之后,他同时也承诺:请你们首先监督我,如果我没做到,请你们直接提出来;如果我做到了,请大家也务必做到。

在工作纪律之外的业务层面，新一届领导团队也率先垂范、直接参与，并以此来带动整个事业部的氛围。比如针对张玉良所关心的证照办理速度问题，事业部一改从前各区域公司各自为政的局面，成立了由总经理直管的前期部。2015 年初，事业部相关高层不分作休地密集拜访了 11 个有项目进入的区县的相关部门，与对方建立直接联系渠道和长效沟通机制，对一些重难点问题交换了意见，展现了真诚、坦率、负责、合作的企业形象。

这种持之以恒的沟通确实取得了实际的效果，政企关系整体向好的趋势十分明显，尤其是在调控限制政策不断加码的当前，意义尤为凸显。譬如在某项目中，当地政府原先给出的允许备案价格对标的是当地较早的项目，远低于绿地自己付出的土地及开发成本，如果以这个备案价开盘，则事业部无疑将面临巨额亏损的风险。在这一情况下，事业部主要领导与市区两级相关部门反复沟通，说明项目实际，从而取得了审批部门的理解，最终以较为合理的备案价格开盘。在处理营销遗留问题上，事业部领导层也亲自出面，积极与项目所在区政府及主管部门领导进行协调，组织相关团队召开专题会议，在法制框架内，充分考虑政府、业主以及集团的各方利益诉求，积极协调、快速处理，扭转地方政府对企业的看法，真正体现出"做政府所想，为市场所需"绿地口碑。其实很多时候，政策虽然是刚性的，但执行者也并非毫无自由裁量权，这时候对方是闭着眼睛做一刀切的处理，还是充分考虑实际情况做合理合法的调整，不仅是其执政思路的体现，也与企业日常是否与其形成良好的沟通机制和互信基础有关，而京津冀事业部正走在正确的道路上。

欧阳兵等事业部高层的亲力亲为，对各区域公司形成了良好的示范效应，"一级带一级"的效果正在渐渐显现。在石景山某项目中，销售已经谈妥了整栋大单出售，但由于监管账户资金不到位，无法开通网签。时任第三区域公司总经理王政和前期部密切配合，找区有关部门协调并达成一致，临时打开三天网签，将项目回款转入监管账户，这样一来，既满足了销售回款，又顺利解决监管账户资金问题，从而避免了向集团伸手，通过现有资源创造条件，漂亮地完成了任务。

像这样管理者直面困难、勇挑重担的案例，在书中无法穷举，因为这已经成为企业文化中最为深刻的"基因"部分，促使绿地人在无声的感召中自觉践行。其实，在绿地，"结果导向"和"背影效应"是管理中相辅相成的两个理念。"结果导向"是向下考核的方法，但如果只是强调考核管理的严格性，很可能会致使骨干员工无法忍受压力，进而造成人力资源流失，甚至影响组织的整体氛围。只有管理者以更高的要求自我加压，比员工做得更到位、更出色，才能促使下级心悦诚服地接受压力，并在这种强压之下迅速成长。而这样成长起来的干部，也就自觉地将"背影效应"作为管理下级的最好方法，而不会去崇尚夸夸其谈的作秀风格和争功诿过的处事态度。一个企业的文化基因，就是在这样日复一日、代复一代的传承之下，成为其永不休止的动力源泉。

面向未来

如果说企业的精气神可以通过"结果导向"、"背影效应"这样的管理文化重塑来唤醒，那么站在当下、面向未来的企业发展战略，则没有任何过往的经验可资借鉴。面对区域背景、行业背景正在剧烈变化的现实，新的京津冀事业部领导层必须比细枝末节的具体业务站得更高，为事业部的未来数年发展制定全新的战略框架，以此来实现张玉良所划定的"到 2020 年，京津冀的业务要与上海本部相当"的远期目标。

区域背景正在发生深刻的变化。北京作为国家的首都和超大城市，始终是区域中最耀眼的一颗明星，不仅引领了华北地区的经济增长，更以强劲的吸引力，将人才、资本、技术等重要的发展资源从周边地区乃至全国各地源源不断地抽取过来。资源的富集使得北京越来越"健壮"——而在过去的几年里，它或许过于"健壮"，甚至变得"肥胖"——在有限的承载空间内，过多的人口导致了北京的"大城市病"愈演愈烈：环境污染、交通拥堵、房价高企、教育医疗资源严重不足……在这一背景下，国家开始有序纾解北京非首都功能，同时以"京津冀区域协同发展"的国家战略，促进区域协同发展，着力解决京津两极过于肥大、河北过于弱小的不平衡局面。此外，雄安新区的设立对区域内发展也有着更为直接的促进作用和深远的历史意义。

在事业部发展的初期，始终将进入北京作为自己的首要战略，在天津、河北的布局只是一种投石问路式的试探，并未着力大举推进。等到 2009 年正式进入北京之后，此后的所有土地拓展活动更是完全围绕北京进行，因此当时的事业部名称"京津房地产事业部"中，"京"实"津"虚（更不用说后来才加入名称中的"冀"）的局面一直未能有所改观。这当然使事业部享受到了过去几年中北京大举扩张带来的市场红利，但在北京可供开发的土地日益稀少、政府对新增人口管控愈加收紧、部分城市功能向外迁移的背景下，继续死守北京市场或许将会对自己未来的发展造成极大的不确定性，而充分重视天津、河北两个市场，特别是城市化程度相对较低、潜力更为巨大的河北市场，应该是一个更为稳妥的选择。

行业背景也正在发生深刻而不可逆转的变化。经过长期的发展，房地产行业整体供不应求的供需关系已经基本结束，区域间分化则愈加明显。在创新能力强、经济增速快、人口持续流入的核心一二线城市，仍然会有较大的市场空间，但由于其承载能力的限制，核心城市现有城区内的开发空间将越来越稀缺，继而向周边溢出，形成以核心城市为主体、周边小城镇星罗棋布的城市群格局。从发达国家的经验来看，这一发展趋势很可能是中国城市未来的必经之途。于是，核心城市周围具备人口集聚可能的小城镇，尤其是具备产业集聚可能的特色小镇，将会成为房地产开发企业下一步发展的"兵家必争之地"。

但是，特色小镇的开发建设绝不同于普通地产项目的开发，开发商除了要具备规划、设计、建造的能力，更需要拥有很强的产业运营能力，只有将区域内的产业做活，才能使小镇拥有"灵魂"，拥有自我运转、新陈代谢的能力，否则就只是"空城"、"鬼城"的特色小镇版本。在这一点上，京津冀事业部有着独特的自信。与大多数中小房地产商不同，绿地集团目前已经形成以房地产为主业，大基建、大金融、大消费三大产业（从 2017 年起又将增加康养、科技两个产业板块）共同发展的格局，这使其拥有了较强的资源整合、跨产业协同的能力。2017 年年中，京津冀区域管理总部成立，成为绿地集团旗下各产业在京津冀区域的统一管理平台，借助多产业之间的协同呼应，事业部自然对在河北省境内打造特色小镇项目充满信心。

除此之外，京津冀事业部在集团内部还承担着一个特殊的职责：由于地处文化中心、传媒中心北京，京津冀事业部是绿地集团面向全国发声、传递企业形象的最好窗口。绿地是以绿化起家的国有企业，张玉良从未将盈利视为企业经营的唯一目标，在他看来，"赢利是本职，但并非全部职责"，而承担社会责任就是企业的一个重要职责。而且，企业发展与承担社会责任之间并不矛盾，"企业对社会的贡献越多，获得的社会认可度就越高，社会给予的发展资源与支持就越多"。对张玉良的这个观点，事业部的领导层高度认同，更已在过去几年中持续践行。从以"美丽北京"为主题的环保系列公益活动，到推动行业内技术进步、倡导节能减排的绿色建筑研究，到关注弱势群体的无障碍环境创建，都有京津冀事业部为之奋斗、为之呐喊的身影。而将来，这个身影也必将更加活跃。

重返河北天津、推进特色小镇战略、积极履行社会责任，这就是京津冀事业部面对未来所规划的重要举措。再伟大的成就都只属于过去，再辉煌的荣耀都应该留给记忆，而面向未来，绿地京津冀所要做的，只有清零过去，扬鞭奋蹄。

下篇

未来

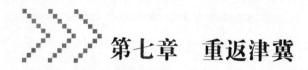

第七章　重返津冀

京津冀新局面

六朝古都北京是我国首都、直辖市、国家中心城市、超大城市、国际大都市。2016 年，北京市常住人口达到 2172.9 万人（是世界上人口最多的十座城市之一），中心城区的人口密度超过 2 万人/平方公里。常住人口中，城镇人口达到 1879.6 万人，城镇化比率 86.5%，已达到发达国家水平。

多年以来，北京的"膨胀"已经是一个无可争辩的事实。在 20 年前的 1996 年，北京市常住人口还只有 1259.4 万人，20 年以后，这个数据增长了 72.5%，相当于年均复合增长率 2.76%。而与之相毗邻的河北省，同期年均复合增长率大约为

0.71%。两者之间的倍数差距被漫长的时间以指数级放大，人口向中心城市聚集的规律沉默而坚决地展现在世人面前。

人口（以及附着在人口之上的相应资源）单向流动的结果是地区间发展的不平衡性日益凸显。以最常见的数据 GDP（国内生产总值）为例，1996 年底北京市为 1789.2 亿元，天津市为 1121.9 亿元，河北省为 3453.0 亿元；而到 20 年后的 2016 年，北京市达到 24899.3 亿元，增长 12.9 倍，天津市达到 17885.4 亿元，增长 14.9 倍，河北省为 31827.9 亿元，增长 8.2 倍。尽管都处于高速的发展中，但京津两个直辖市的增长速度显著高于环绕周围的河北省。

然而，物极必反。对于北京自身而言，人口的过度集聚也正在显现它消极的一面。由于人口对自然资源（如土地资源、水资源、油气煤电等能源）和社会资源（如公共道路资源、教育资源、医疗资源等）的天然占用，北京已经面临人口带来的"不可承受之重"。譬如，根据北京市发改委披露的数据[①]，到 2014 年底，北京市水资源总量降至 21.6 亿立方米，人均水资源量只有 100 立方米，不及全国平均水平的 1/20（这还是在南水北调中线工程已经通水的前提下）。北京市约 70% 的电、40% 的成品油、98% 的煤炭、100% 的石油和天然气均需外部供应。

---

① 马北北. 北京发改委剖析北京"大城市病"四大根源 [EB/OL]. http://www.chinanews.com/df/2016/01–23/7729548.shtml

而机动车数量已经达到了561万辆，中心城区交通日出行总量达到了4454万人次，早晚高峰路网平均时速25.8公里，工作日拥堵持续时间接近2小时，人均通勤时间居全国首位。由于人口过多且持续涌入，北京的住宅始终呈现供不应求的状态，这使得北京市的房价在历次的"房价大跃进"中始终处于排头兵位置，而随之而来的调控政策，例如限购、限贷乃至后期的限售限商办等措施，均属全国最严格之列。

除了资源占用之外，北京还需要面临巨大人口所产生的巨量废弃物，以及由此造成的环境污染问题。根据环保部所发布的《2016年全国大、中城市固体废物污染环境防治年报》，北京市2016年生活垃圾产生量达到790.3万吨，位居全国第一。由于垃圾焚烧尚未被公众普遍接受，目前主要的处理方法还是垃圾填埋，这更占用了大量土地，进一步造成了北京土地资源的紧张。另外，冬季集中供暖、机动车数量过大、周边地区重化工业占比较大等因素，正日益严重地影响北京上空的空气质量，使得雾霾天气越来越常见。首都变成了"霾都"，严重损害了当地人民的身体健康，影响了中国的国际形象。

归根结底，北京的"大城市病"的根源在于人口过多，而人口过多的原因则是因为北京市的资源过于集中，使得其承担了过多"非首都"的功能。也正因此，过去的几年中，从北京市政府到中央政府，都在想尽办法，纾解北京市的非首都功能。

2012 年 7 月，在中国共产党北京市第十一次代表大会上，北京市委市政府首次提出，"落实聚焦通州战略，分类推进重点新城建设，打造功能完备的城市副中心，尽快发挥新城对区域经济社会发展的带动作用。"通过将通州区打造为城市副中心，将北京市属行政机构向通州迁移，带动产业、教育、医疗等一批资源向副中心疏散。

中央政府则以更为高瞻远瞩的态度，不仅着力于解决北京的大城市病问题，更看重解决京津两极过于"肥胖"，周边中小城市过于"瘦弱"，区域发展差距悬殊的问题。2015 年 8 月 23 日，备受关注的《京津冀协同发展规划纲要》印发实施。根据这份纲要，京津冀整体定位是"以首都为核心的世界级城市群、区域整体协同发展改革引领区、全国创新驱动经济增长新引擎、生态修复环境改善示范区"，其中，北京市是"全国政治中心、文化中心、国际交往中心、科技创新中心"，天津市是"全国先进制造研发基地、北方国际航运核心区、金融创新运营示范区、改革开放先行区"，河北省则是"全国现代商贸物流重要基地、产业转型升级试验区、新型城镇化与城乡统筹示范区、京津冀生态环境支撑区"。

2017 年 4 月 1 日，中共中央、国务院进一步印发通知，决定在河北省雄县、容城、安新等 3 个小县及周边部分区域设立国家级新区（即雄安新区），起步区面积约 100 平方公里，中期发展区面积约 200 平方公里，远期控制区面积约 2000 平方公里。设立雄安新区是以习近平同志为核心的党中央作出的一项重大的历史性战略选择，是继深圳经济特区和上海浦东新区之后又一具有全国意义的新区，是千年大计、国家大事。设立雄安新区，对于集中疏解北京非首都功能，探索人口经济密集地区优化开发新模式，调整优化京津冀城市布局和空间结构，培育创新驱动发展新引擎，具有重大现实意义和深远历史意义。

从打造通州城市副中心到实施京津冀一体化协同发展、设立雄安新区，这是京津冀区域"三位一体"的政策导向，是京津冀事业部所面临的新局面。

拓展新思路

面对京津冀新局面，善于"做政府所想"的绿地，已经找到了自己的未来发展之路。

正如事业部此前所看到的，随着北京市的城市发展进入"过饱和"的状态，可供利用的土地已经十分稀缺，竞争压力已经非常巨大；而且，北京市以纾解城市功能、控制人口数量为导向的各项政策也已经表明，未来北京市房地产开发量的增长空间将会进一步收窄。如果事业部继续延续过去几年的策略，集中力量于北京市场的话，发展速度和体量想要再上一个台阶，将会面临巨大的困难。因此，事业部提出了对京津冀三地新的投资思路，也就是北京区域在控制成本的前提下继续合理开发布局，而要不断加大在天津和河北区域的投资力度，尤其是在交通路网发达、自然环境优良、产业基础较好等区域要重点关注。

而将津、冀分开来看，其实也各有不同。天津作为国家的四大直辖市之一，亦是华北地区的经济重镇，人口密集，城市化水平高。这几年，天津的房地产市场形势与北京相差无几，待北京完成城市优化后，天津也会开始实行人口控制，进行城市产业升级。在这种情形下，外来开发商要进行大规模的拓展并非易事，但品牌企业进入天津市场，寻找结构性的机会，提升企业口碑，仍有可能，也有必要。相形之下，河北的前景则可能更为广阔：随着京津冀一体化的持续推进，河北省将迎来加快发展的良好机遇，比如以北京为核心的一小时高铁圈，让包括保定、廊坊、张家口、沧州、承德等在内的多个周边城市受益；北京市新政府中心的东移，北京非首都功能的外迁，给廊坊、保定等城市提供了承接产业外移的机遇，而伴随产业外迁，附加的服务业出现了大量缺口，这给河北多个地市带来了创业、就业的新机会，也将给房地产业、尤其是绿地这样擅长产城融合的地产企业带来机会。并且，随着雄安新区的逐步启动，一个堪比上海浦东新区的北方经济特区将迅速发展壮大，尽管政策上暂时不允许在新区中进行商业地产开发，但新区的产业汇聚和能量提升是完全可以预见的，而这也将给绿地的非地产板块带来巨大的发展机遇。

因此，返身开拓天津与河北的市场，特别是要加大对河北省以及雄安新区的投入力度，已经成为了京津冀事业部今后的发展原则。不过，光有原则还不够，必须要有具体的规划路径，将原则从纸面落到实地。京津冀事业部2015年的工作计划这样写道："重点关注公开市场。严格把控成本……抓住京津冀一体化发展时机，通过勾地、收购、合作并举获取1—2个项目。"

值得一提的是，这是事业部首次在工作计划中明确要以收购方式获取项目。在此之前，无论以勾地方式还是以招拍挂方式取得土地，事业部均是在净地上开发项目，有一套成熟的开发流程；而收购则意味着所拿来的项目有可能已经是一个"半成品"，接手收购项目需要对已完成部分进行梳理，要理顺原有各相关方的关系，还有可能要对项目重新定位、规划、实施……从某种程度上说，收购项目比拿地开发还要更为复杂一些。

那么，为什么还要考虑以收购的方式取得项目呢？

在绿地集团内部下发的2017年工作安排中，有着这样的表述："房地产行业已逐渐进入以'大企业、大项目、重产业、重运营'为主要特征的新阶段。"所谓的"大企业、大项目"，指的是未来的房地产业格局中，企业集中度将持续提高，而大盘、超大盘项目的比例会增加；所谓的"重产业、重运营"，则指的是单纯的"开发－销售"模式已经难以为继，未来的地产开发必将与产业导入、物业运营紧密挂钩，只有做好产业、做好运营，才有做好房地产的希望。在绿地看来，中国城镇化进程在经过过去十余年的加速推进后，已经发展到了一个新的阶段，房地产业跑马圈地式的、"规模即效益"的全局性粗放性发展阶段已经结束，接下来的市场环境将是结构性的：如果布局正确、经营得当，那么企业仍然具有一定的发展空间；反之，则有可能出现亏损，甚至最终被市场淘汰。

事实上，在集团以高度凝练的"两大两重"理论框架来概括房地产行业新态势之前，京津冀事业部在实战中对新形势已经有所认知。比如，在发展程度较好的地区，随着城市的成熟度提高，土地获取难度越来越大，成本急速上升，这使得规模较小的地产企业越来越难以参加竞争，资源加速向头部集中；又比如，地方政府已经不再单纯看重固定资产投资额，而看重固定资产投资完成后"谁来使用"、"使用效果如何"的问题，而过去大多数特别依赖政商关系的中小房地产企业在产业导入和加强运营上缺乏准备。当中小房地产企业受制于这样那样的原因，开始退出市场，那么其转让项目所要求的回报往往相对较低，而这将给事业部以较低成本增加货值的机会。在这种背景下，寻求以收购方式获取项目也变得理所当然。

而且，这样的机会很快就出现了。

问道石家庄

早在 2008 年，刚刚进入华北大地的京津冀事业部就已经打入了香河市场，但即使在地图上也很容易看到，作为"北三县"之一、被京津两市夹在中间的香河，更像是北京的郊县而非河北的重镇。从战略意图上说，事业部进入香河，与其说是开拓河北市场，倒不如说是在环京一带寻找进京的"敲门砖"。

时移世易，面对区域新局面的京津冀事业部，正在重新将目光投回河北，投向这片有着 18.88 万平方公里土地、近 7500 万人口的广阔空间。而通常来说，房地产企业要进入一个省份首先不能错过省会城市，石家庄是河北的首府，影响力辐射全省，绿地要进入河北，石家庄是必争之地。只有成功进入石家庄，树立良好的品牌口碑，才能为绿地在整个河北省的扩张打下基础。

经过一番耐心细致的前期探索，事业部得到一个非常有价值的信息：石家庄当地一家地产开发企业有意转让手中的项目。这个项目所在位置是石家庄的"老根"，也是现代城市的 CBD 核心腹地、核心商圈交汇之所，可谓是商业云集，入出繁华。

项目交通条件优越,毗邻地铁站、新火车站,城市主干道环绕。而项目本身规模也不小:占地 317 亩,总建筑面积 80 万平方米,包含精品住宅、公寓、星级写字楼、十字街区及民国特色主题步行街等丰富业态。无论从位置、体量还是业态丰富程度来说,这都是绿地喜欢的项目。

事业部迅速派员前去,进一步深入考察。原来,欲转让项目的中迪公司是石家庄当地一家规模中等的房地产企业,由于母公司有一笔额度较大的贷款即将到期,实际控制人希望靠出售该项目来筹措资金;另外当时石家庄整体房价还不高,他们判断项目的利润空间有限,与其辛辛苦苦地开发销售,不如整体转让。经过现场调查,考察人员认为这个项目本身的条件确实很好,不过,正所谓"靓女不愁嫁",在接触的过程中,考察人员也发现,有意向收购该项目的并不只有绿地一家,对方其实正在与好几家企业接触,其中还有一家规模很大的央企。

机不可失,时不再来。得知全盘信息的事业部立刻动员起来,迅速成立尽调小组。河北区域公司副总经理史磊全程参与并购谈判,据他回忆,事业部对项目的尽调节点要求的非常苛刻,但是参与收购的应急小组全程无一人掉队。从 2015 年 12 月开始,除了 2016 年春节的 7 天假之外,节前无人早走一天、节后无人迟到一天,最终居然在 2 月底之前就完成了所有的尽调,比计划节点提前了不少。

尽职调查之后，谈判小组整理的问题有 8 页 A4 纸，一共有几十条，需要逐一和对方商谈。事业部对此高度重视，组成了强大的谈判团队，事业部总经理、财务部总经理、河北区域公司总经理等多位领导亲自带队，轮番上阵、矩阵出击，带领小分队最高峰时达到 16 个人。

另一边，中迪公司也在判断着他的交易对手方。在他们看来，尽管绿地提出了很多的问题，但这恰恰证明了绿地确实很有诚意收购项目，绝不只是一般性的接触，而且事业部三个高层亲自出马，表明了非同一般的重视。相比而言，其余的意向收购方要么实力不足，要么自矜身份，沟通效果都无法与绿地相比。很快，中迪公司就放弃了和其他意向收购方的接触，专心与绿地谈判。

诚意归诚意，当进入具体的谈判，事关公司的利益、项目的成败，依然丝毫马虎不得。首先要解决的问题是：收购价格。而解决这个问题的核心是对项目的价值判断。

该项目情况相当复杂，不仅包含了回迁楼、商品房、幼儿园、教堂、写字楼、商业街等业态，建设情况还包含未办手续、在建、在售、已交付等等，各类情况不一而足。而且项目的债权债务关系也较为混乱，事业部花了很长的时间才将其中的情况彻底梳理干净。

谈判过程中，事业部曾经进入一个误区，即过度关注债权债务问题，时任事业部总经理助理兼财务部总经理宿文智在关键时刻拨开困扰，指出一条以利润为导向的定价策略。但计算利润，双方的评估系统不一致，中间自然会出现一些扯皮的情况，比如对于评估标准和计算方法双方各执一词，中间动辄几千万上亿的差距，自然不能轻易妥协让步。比如对于项目中回迁房的成本一项，中迪是以建筑成本为准，但是项目还包含安置费、手续费等等成本，所以绿地很难接受这种核算方法，对此只能据理力争。

双方步步为营，各不相让，谈判一度陷入僵局。但事业部在维护自身利益的前提下，较好地把握了谈判的尺度，及时调整核价策略，原则问题不动摇，细节问题适当让步。最终，双方终于谈妥了一个收购价格。经过短暂而又漫长的三个多月，谈判终于接近尾声。

但是，行百里路者半九十，收购的成败最后还取决于一个关键——收购资金能否及时到位。由于对方出售项目的目的是为了筹措偿还贷款的资金，如果资金不能及时到位，其折价出售的意义就失去了，这次收购仍将功亏一篑。

当时的具体情况是，对方需要在四月底前拿到收购资金，而大笔资金的动用必须得到集团总裁张玉良的签字批准，而张玉良在 4 月 16 日就要到海外出差，如果等他回国再启动程序，资金很可能无法及时到账。为此，事业部紧急调整工作节点目

标，财务、法务、工程、合约、营销等部门齐上阵，抢在 4 月
14 日的时候完成了十几页的申请报告和几十页的协议，于 4 月
15 日凌晨 5 时 35 分提交给事业部总经理欧阳兵审阅。

凌晨 6 时，欧阳兵短信回复："可以，没问题，大家辛
苦了！"

集团收到报告后也快速响应，立刻整理了向张玉良汇报的
资料。上午 9 时 30 分，集团总裁办发来信息：报总裁了，等
消息。

上午 10 时 30 分，总裁办又发来信息：张总批准了。你们
可以安心睡一觉了！

此时兴奋过度的项目组成员们已经毫无睡意，纷纷要求集
团办公室：先把获批文件的扫描件发过来！要第一页！

"同意——张玉良"看到这几个字，大家百感交集，立刻转
发到微信工作群里，一时间，微信群里气氛高涨，"大家都炸锅
了"。历时四个月的辛苦，终于得到了美好的回报！

回头总结这场"关键战役"的成功过程，可谓充满了"绿
地风格"。

经验 1：事业部各部门关键时刻顶得住。大家都各司其职，
全力以赴，无论职级高低，无论分内分外，同心聚力，不分彼
此，就算偶有分歧也主要是职责不同，并没有拖后腿的情况
出现。

经验 2：领导几次在关键点的指示及时而精准。接触谈判及时果断，充分展现诚意，借此击败了其他的潜在竞争对手；在谈判过程中，抓大放小，盯住主要矛盾，节奏合宜，重大决策上都有专业支持。

经验 3：以结果为导向。尤其是 4 月初到 4 月 15 日集团签署之前的节点中，充满着大战在即、拼死—搏的气氛。这种以时间节点为目标的过程管理，贯穿在事业部日常的工作中，但是遇到这种急行军式的重大战役，体现得尤为突出。

经验 4：推己及人，从而达己达人。在绿地之前介入收购的央企之所以没有成功，有一项很重要的原因就是缺少与对手方的沟通，无法把握对方的核心需求。而绿地在谈判中，能做到换位思考，以互惠互利、合作共赢的原则推进交易。比如，对方创始人夫妇对企业很有感情，他们与绿地人第一次私下交流时就提出，希望绿地收购企业的同时不舍弃企业原来的员工，绿地对此不仅真诚答应，而且在接手之后也的确兑现了这个承诺。而因为对方企业要求 4 月底拿到资金解决燃眉之急，绿地人最后节点几乎是以军事化的执行效率，帮助对方解决了资金问题，也成就了这笔交易。

树立标杆

　　经过近四个月时间的来回沟通协调，双方成功签约，事业部接手该项目的二级开发，2016 年 4 月完成了工商变更，4 月26 日，绿地集团将项目更名为"绿地中山公馆"。但是，接收过程中也遇到了不少棘手的问题，这些问题是前期谈判小组可以预见、但不能解决的，需要一线队伍深入项目，逐点排障。

　　例如，"中山公馆"项目中包含了一部分的回迁房，而回迁房对面是石家庄南三条批发市场，住户鱼龙混杂，项目拆建及后期遇到很多麻烦。比如交房时，一些住户看到开发商换成了品牌更大的绿地集团，便要求换大一点的房子，或者拿到更多的补偿。而施工方也因与此前的开发商有未理清的纠葛，又转向绿地要求赔偿。

　　面对业主、施工方等主体的索赔诉求，事业部努力与各方平等谈判，将对方的诉求引导至合理的范围，为各方达成共识而积极协调。为此，事业部专门在客服部、营销部等部门抽调出了经验丰富的工作人员配合河北区域公司进行相关事务的处理，一旦明确是自己需要承担的责任，就绝不予以推卸。此外，在回迁房项目中，产品质量均按高标准来完成，让业主获得舒适的居住体验，交房验收时获得了业主的一致好评。

经过一年左右的努力，绿地共交出了八百多套回迁房，在此过程中，绿地也与业主们建立了良好的关系，而大多数业主也看到，绿地是一个有实力、同时又讲究办事方法的企业，理解与支持也慢慢建立起来。

另一个波折来自于各类行政许可的办理。绿地接手项目之后，对项目已有证件进行核实，按部就班地进行各类证照办理。然而，在办理土地抵押时，当地国土局却告知办理人员说，地块上有建筑物，无法进行土地抵押。可是，这个地块上明明已经空无一物了，这是怎么回事呢？通过深入了解，事业部发现，原来是因为在中迪公司持有项目期间，这个地块拆迁完后，原拆迁户的房产证没有拿去注销。这就导致了"实地没有房子，系统里却有房子"的现象。

问题棘手，时间紧迫，办事人员充分发挥主观能动性，几天之内多次登门到多个政府部门反映情况。国土局领导了解实际情况后，被绿地工作人员的韧性所折服，安排工作人员暂缓手头工作去项目现场拍照取证，帮助证件及早办理。

一波未平一波又起，刚刚解决了建筑物的问题，事业部紧接着发现该地块已被法院冻结，还是无法办理抵押。原来，此前中迪公司被一家拆迁户起诉，法院便冻结了该户所属地块，但是对方在填写地址栏时，因疏忽大意将地址写错，误将本项目所属地块一并冻结了。为此，事业部又找到起诉人积极沟通，以笔录资料为证据请求法院变更了执行通知书，再找国土局办理解除土地冻结；解除冻结后，立刻约了银行进行土地抵押。整个过程一波三折，但最终还是在规定期限内完成了工作。

除了要在开发前期克服重重困难，事业部也很重视这个项目的标杆意义，在产品打造上花费了很多心血。中山公馆的住宅部分以新古典主义建筑风格为主，外立面采用石材原色作为主色调；项目还拥有石家庄唯一户外泳池水系，包含大理石喷泉小景等；另外项目拥有大片自然形态的坡地绿化，多重景观将项目围合成了城市绿洲花园社区。

项目所在的道路形成于1915年，是石家庄最早的老街道之一。绿地将该商业街项目名为绿地中山里，功能定位为文化产业、娱乐休闲和观光旅游，还按照自己的管理理念对项目进行后期的包装运营。例如，在这条文化名街的改造中，绿地集团迁移复建了14栋老建筑，其中原址保留3处，迁移和复建11处，其规模之大，投入精力之多，都是极为少见的——先是保留90余万块老青砖以及原建筑上的砖雕，然后经过修整打磨后再用于迁移复建的历史建筑，从而再现石家庄的历史韵味。改造之后的街道中，由上万块青石板拼凑成长400米的石板路，高度还原民国时期老石门街道的繁华，现代与历史交相辉映，形成项目的一大优势特色。

运作绿地中山公馆项目的是一个"混合军团"，其员工主要有三个来源，一是原中迪公司的员工，一是从事业部本部调过来的人员，一是从香河分公司调遣的人员。他们加入绿地的时间不一样，又在不同的区域公司任职，但有着共同的开拓石家庄局面的"元老"身份，因此齐心协力地集结在一起。这个"混合军团"中，前期部门快速成功地办理了行政手续，技术团队对方案不断优化调整，工程部确保开发时间节点和质量，综合管理部、财务部等积极充分协调，营销部门也迎头赶上，用超额完成业绩指标来回馈兄弟部门。据营销部回忆，绿地中山公馆开盘销售时，当天的客户到访量达到预期的四倍以上。2015 年石家庄房价小幅度上涨，楼盘成交价格都在 8 千元 / 平方米左右，从 2016 年上半年开始，房价走上快车道，市场不断升温。绿地中山公馆第一次开盘的价格在 1.6 万元 / 平方米左右，一年后涨到 2.3 万元 / 平方米，而且在整个区域里，绿地楼盘的涨幅是最高的——这正体现了市场对绿地中山公馆项目标杆意义的充分认可。绿地在石家庄的第一炮成功地打响了！

挺进天津市区

天津，作为中国第三个直辖市，与北京交相辉映的华北平原"双子星"之一，其地位与重要性不言而喻。近几年来，天津市发展迅速，借助天津市整体发展和滨海新区效应的带动，天津成为继上海、北京等一线城市之后的新的房地产投资热点。尤其是近年，天津房地产市场已经渐渐摆脱北京的影响，不再是同涨同跌，而是逐步走出自己的独立行情。

绿地京津冀事业部 2008 年在天津蓟县（今蓟州区）投资了盘龙谷文化城项目之后，尽管在这个占地面积超过一万亩的超级大盘上持续深耕，不断开发出新的产品，但此后便没有在天津的辖区内新增土地储备，而是将自己的发展重心聚焦在了首都北京，并在北京范围内持续扩大自己的影响力。但是，在京津冀协同发展的新局面下，事业部重新调整了自己的战略，将河北和天津作为了下一步工作的重点。

时隔九年，绿地在天津迈出了第二步。而与落子石家庄一样，重回天津的这一步，也是以项目股权收购的形式来实现。2017 年 2 月，事业部正式进军至天津静海区，通过股权收购的方式完成对团泊项目的收购。该项目地块位于天津市静海区团泊新城，距天津市区 20 公里，占地面积 15 万平方米（约合 226 亩）。事业部将该项目命名为"绿地海域香颂"，意欲打造一个总建筑面积 20 多万平方米的法式风格低密度产品，主力户型为 130 平方米、170 平方米的联排别墅和 80—110 平方米的高层住宅，已于 2017 年 11 月推出市场，广受欢迎。

与石家庄项目略有不同的是，本项目的交易对手方中惠熙元房地产集团有限公司（以下简称"中惠集团"）并不是天津的本土企业，而是起家于广东省、近年来开始全国化布局的具备一定规模的房地产企业，在 2016 年全国房企销售流量排行榜上名列第 143 位。基于企业战略的考量，中惠地产打算在未来将发展重心重新回归到珠三角区域，因此决定出售天津项目。

在与绿地接触之前，中惠集团已经接触了不少意向收购方，因此，当事业部得知这个消息后，立刻安排投资发展部与对方接触。中惠集团比较了收购方之间的资质后，认为从企业规模、品牌影响力、履约能力等因素来看，绿地都要优于其他意向收购方，而且绿地的国企背景也更容易获得地方政府的认同和支持。于是，中惠集团的合作意向开始向绿地倾斜，并表示，绿地如果感兴趣，就在两三天内发送函件，以此开展正式的接洽。

事业部对项目进行了快速的研判，抓住了几个关键信息点。首先，团泊新城是天津市规划的十一个新城之一，被荣乌高速、津晋高速等多条高速环绕，轨交 C4 线也将穿过本区域，交通出行便捷，由天津市区至本项目仅需约 15 分钟车程，因此，项目的区位不错。其次，地块周边有丰富的旅游度假区、酒店、学校等相关资源，配套较为成熟，该区域的高层住宅产品主要吸引天津西南及南外环区域刚需、改善型客户，受天津市区住宅价格快速上涨影响，越来越多的天津改善客户外溢来此购房，使得该区域高层住宅去化很快，到事业部准备收购本项目之时，该区域内基本已经无房可售。基于以上几点，事业部认为该项目具备一定盈利空间，而且可以通过此项目入驻天津城区，使事业部的区域布局进一步合理，应该与对方开展正式洽谈。不过，对于收购中的核心要素——收购价格，双方仍要进行一番拉锯。

据当时的投资发展部负责人回忆，一开始事业部与对方初步商谈了一个价格，就在这过程中，土地公开市场上挂出了一块项目附近的地块，即"天津市静海区津静（挂）2014-52 号宅地（下称"团泊西区地块"）"。很显然，团泊西区地块的出让价格将对收购项目中的地价有很强的参考作用。这样一来，大家就有些犯难："要不要在土地拍卖之前跟对方锁定收购价格？这让我们很纠结。不锁定价格，若公开市场拍卖价格较高，担心对方反悔，调高出让价格；但是如果锁定了价格，又担心公开市场拍卖价格较低，公司的利润有所牺牲。那几天大家内心挺受煎熬的。"斟酌许久，大家判断当前区域内的土地竞争可能还没有那么激烈，决定不锁定价格。

结果，团泊西区地块的最终出让价格确实低于双方初始商谈的价格，于是事业部再次与对方商谈，希望调低收购价。投资发展部及相关领导多次赴天津积极与对方斡旋、洽谈，还把对方总裁及相关领导邀请到绿地中心进行面谈。通过反复的沟通，最终双方商定的收购价格又降低了 4000 万元。

　　为了避免再节外生枝，事业部迅速上报集团，并启动了收购程序，各项工作紧锣密鼓地开展起来，终于抢在 2017 年 1 月 16 日上午，在望京绿地中心实现了签约。当天也是事业部年会，在下午的年度工作会议上，投资发展部在工作汇报时当即分享了这一喜讯，令整个事业部为之欢欣鼓舞。

　　对于孕育中的"绿地·海域香颂"，京津冀事业部有着美好的期待。这个被纳入绿地高端品牌"海域系"的精品项目，将延续绿地的品牌效应，结合团泊的定位特征，将其打造成为具有养生度假性质的第二居所、"离尘不离城"的优质生活区。

　　团泊项目只是新阶段下事业部重返天津的一个尝试，但绿地的志向并不仅止于此。2017 年 7 月，京津冀事业部在天津举办的媒体见面会上明确表示，绿地一直密切关注天津其他几个主城区的投资机会，正在就一些投资合作的机会与多个合作方进行深度的探讨。

　　立足当前来看，天津的房地产行业还有一定的发展空间。天津作为中国北方经济中心，第三个增长极——环渤海经济带的核心城市，同时也担负着首都北京的一些附属功能，发展潜力正在逐步释放。未来，天津的发展将是京津冀区域发展的重要引擎，而绿地京津冀事业部也将把握这一战略机遇，为天津市的发展贡献自己的力量。

布局雄安新区

雄安新区的设立是党中央、国务院所作出的一项重大举措，对于纾解北京非首都功能、促进京津冀协同发展具有重大意义。作为足以比肩深圳特区、浦东新区的国家级新区，雄安新区承担着七个方面的重点任务：第一，建设绿色智慧新城，即建成国际一流、绿色、现代、智慧城市。第二，打造优美生态环境，构建蓝绿交织、清新明亮的生态城市。第三，发展高端高新产业。第四，提供优质公共服务，建设优质公共设施，创建城市管理新"样板"。第五，构建快捷高效交通网，打造绿色交通体系。第六，推进体制机制改革，发挥市场在资源配置中的决定性作用和更好发挥政府作用，激发市场活力。第七，扩大全方位对外开放，打造扩大开放新高地和对外合作新平台。

从上述任务来看，党中央设立雄安新区的意图绝不仅仅是简单地造起一座新城，然后将首都北京不需要的功能一转了之。恰恰相反，雄安新区的规划具备高标准、高起点的特征，重点发展高端高新产业，打造创新高地和科技新城。也正因此，正式入驻雄安的首批48家企业中，有前沿信息技术类企业14家，现代金融服务业企业15家，高端技术研究院7家，绿色生态企业5家，其他高端服务企业7家——均为生态环保、高新技术企业。与之相对的是，新区成立之后，区域内三县的房产交易很快被冻结，从中央到地方，各级政府亦三令五申，明示严格控制在新区内进行大规模的房地产开发，称雄安新区"不是炒房淘金的地方"。

不过，对地产开发企业而言，雄安新区的大门并非全然紧闭。2017 年 10 月 28 日，万科与住建部科技与产业化发展中心签订了《全面推进城乡建设领域绿色发展研究及推广合作框架协议》，与环保部环境发展中心、中国节能环境保护公司签订了《关于合作推进环保部技术评估与转化平台落地雄安新区的框架协议书》。同日，雄安万科建筑研究中心在雄安新区雄县揭牌并投入运营。万科凭借着其房地产开发以外的能力，成为了首个进入雄安的房地产企业。中建、招商等首批央企也先后入局。

对于绿地京津冀的未来版图而言，雄安是不可或缺的重要一环，而绿地丰富的产业形态和资源整合能力，也正是雄安新区所需要的。两者相向而行，终于成功实现牵手。2018 年 1 月 3 日，绿地雄安公司揭牌仪式暨雄安绿地双创中心、长租公寓、建设银行战略合作签约仪式举行，绿地迈出进军雄安的第一步，成为首个在雄安成功落地具体项目的上海企业，揭开了在雄安新区长期深耕发展的序幕。

绿地雄安公司从雄安新区重大国家战略部署、核心发展精神出发，项目布局聚焦科技创新、城市综合运营管理、人才服

2018年1月3日绿地在京举办雄安公司揭牌仪式

务、基础设施建设等领域，"雄安绿地双创中心"、"雄安绿地铂骊公寓"将成为率先落地的两个项目。其中，"雄安绿地双创中心"由绿地与清控科创控股股份有限公司共同成立，利用雄安新区本地老旧厂房资源，将其改建成为对标国际一流水准的复合型创客创业空间，面向全国新能源、生物医药、信息工程、新材料和环境保护等领域，吸引和汇聚一批有竞争力的创新企业入驻，提供资金支持、产业对接、政策咨询、项目孵化等多重支持，最终形成一个创新创业要素集中、产业集群、人才集聚，具有国际影响力的双创产业集聚区。"雄安绿地双创中心"还拟与全国中小企业合作发展促进中心开展全方位整体战略合作，在雄安新区构建中小企业服务示范区及筹划产业引导基金，助力新区发展。雄安绿地铂骊公寓项目初步选址在雄安新区主干道奥威大道，紧邻雄安新区管委会所在地，原有建筑面积约5700平方米，改造为120间可拎包入住的服务式人才精装公寓。

雄安新区"高端高新产业，打造创新高地和科技新城"的定位，与绿地以高科技产业为重点发展领域的新一轮战略升级高度契合。通过大力发展科创等新兴产业，绿地正在全面提升其房地产主业内容竞争力。正如张玉良所指出，绿地将发挥自身多元产业协同效应、资金资本优势，同时高效整合雄安新区重大国家级新区的综合资源，充分发挥雄安新区综合发展环境优势及对整个京津冀区域的辐射力，实现在该区域的新一轮快速发展。

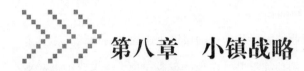

第八章　小镇战略

新常态下的新风口

　　2014 年 5 月，习近平总书记在河南考察工作时指出："我国发展仍处于重要战略机遇期，我们要增强信心，从当前我国经济发展的阶段性特征出发，适应新常态，保持战略上的平常心态。"这是中央领导人首次将当前经济形势总结为"新常态"，而其内涵则表现为三点：速度上从高速增长转为中高速增长，结构上表现为经济结构优化升级，动力上从要素驱动、投资驱动转向创新驱动。

　　为推动经济结构优化升级，中央领导人在 2015 年底、2016 年初又进一步提出了供给侧结构性改革的概念。与以往主要聚焦于拉动投资、消费、出口等需求侧因子不同，供给侧改革意图通过矫正要素配置扭曲，提高供给结构对需求变化的适应性和灵活性，来扩大有效供给，实现有质量的经济增长。

"新常态"和"供给侧改革"很快成为了经济领域的热词，被各行各业广泛使用。而对房地产行业来说，这也正是其所面临的新环境和新问题。

房地产行业的发展与中国的城镇化进程并肩而行，随着中国城镇化比率的快速提升，房地产行业在过去十多年中也迎来了自己的黄金时代，被认为是少有的几个"躺着也能挣钱"的行业之一。然而，随着城镇化棋过中局，在供给过量造成的高库存、区域分化导致的结构性供过于求、宏观调控频频施压等因素的影响下，房地产业的利润开始收窄，企业分化加剧，区域性、结构性的机会取代了过去全局性上涨的势头，"规模即效益"的时代，已经一去不复返了。

房企应对行业变化的办法，就是"供给侧改革"，要适应并适度前瞻市场的需求，以此来调整自己的供给，使之变为有效供给，而不是变为库存。但是，前瞻市场需求谈何容易？一线城市和核心二线城市当然有着最强的购买力和最刚性的需求，但激烈的竞争、高昂的地价、难测的调控手段，都构成了对开发者能力的严峻挑战；相对而言，三四线以下城市的进入门槛并不太高，获取土地的难度也还不太大，但是人口净流出的事实往往让人对其去库存的可能性心存怀疑。

重重疑云之中隐藏着一个可能的答案：新型城镇化。与过去各类资源要素由乡村向小城镇、由小城镇向大城市单向聚集的"旧"城镇化不同，新型城镇化依托合理的规划和产业布局，围绕核心城市构筑城市群，合理控制中心城市的人口数量，大幅提升卫星城市的产业及宜居配套，实现核心城市外溢人口的就地安居。正如《国家新型城镇化规划（2014–2020年）》所指出的，"要优化城镇规模结构，增强中心城市辐射带动功能，加快发展中小城市，有重点地发展小城镇，促进大中小城市和小城镇协调发展。"从发达国家的既往经验来看，城市群的崛起是必经之途。

但拱卫核心城市的卫星城市不能是"睡城"，因为"睡城"不仅不解决大城市病，反而是大城市病的诱因之一。这意味着，卫星城市的规划并非轻而易举，它必须能差别化地集聚产业与人口。而正是这一逻辑，催生了一个新的风口——"特色小镇"。

"特色小镇"的提法最早出现在浙江。与建制镇不同，特色小镇最初成型时并没有传统意义上的完备的行政架构和组织体系，政府在其中虽然起到了规划引领和政策引导的作用，但并不握有绝对的控制权。在特色小镇中，产业及人口的集聚是由市场力量主导的自然过程，而一旦开始形成集聚，就很容易形成自我加强的良性循环，进而推动了区域经济的蓬勃发展。也正因此，2015 年，中央有关领导同志多次赴浙江考察，高度评价浙江在特色小镇建设方面所做的尝试，认为浙江的探索符合经济规律，重视各地不同的资源禀赋和市场需求并形成了不同的比较优势和供给能力，特别是处理好了政府与市场的关系，有效调动了人的创新能力。

2016 年，特色小镇的推广上升至国家层面。当年 7 月，住房城乡建设部、国家发展改革委和财政部联合发布了《关于开展特色小镇培育工作的通知》（建村 [2016]147 号），希望在 2020 年，培育 1000 个左右各具特色、富有活力的休闲旅游、商贸物流、现代制造、教育科技、传统文化、美丽宜居等特色小镇，通过培育特色小镇，促进经济转型升级，推动新型城镇化和新农村建设。

中央政府的发令枪使得绝大多数的品牌开发商都为之兴奋。一片新蓝海似乎已经徐徐展开。

小镇战略的绿地模式

2016 年 10 月，房地产行业"华南五虎"之一的碧桂园宣布，与东莞市黄江镇政府签下了"科技小镇"的合作计划。而在此之前，其与惠州市政府已有多项类似合作。

11 月，央企华侨城与深圳光明新区管委会签署战略合作框架协议，将打造占地约 11 平方公里的绿色生态旅游区"光明小镇"，项目计划投资超 500 亿元。

紧接着，以产业地产开发能力著称的河北华夏幸福宣布与南京市溧水区政府达成了战略合作，计划打造南京空港会展小镇，该项目占地两平方公里，建筑面积 50 万平方米，建成后将成为亚洲空港的专业会展中心。

……

国家战略之后，是开发商们的"闻风而动"。这毫不奇怪，动辄占地几平方公里至十几平方公里的特色小镇，意味着数千亩甚至上万亩的待开发土地——而土地则是房地产商最重要的生产资源。在特色小镇的风口上，各级政府的支持将有效降低土地的获取成本，而政策扶持又有助于吸引需求。

热潮涌动之下，仍有一些冷静的声音。三部委颁布的《关于开展特色小镇培育工作的通知》（建村 [2016]147 号）中就明确要求："以产业发展为重点，依据产业发展确定建设规模，防止盲目造镇。"而国家发展改革委在 2016 年 10 月发布的《关于加快美丽特色小（城）镇建设的指导意见》（发改规划 [2016]2125 号），则要求从各地实际出发，遵循客观规律，挖掘特色优势，体现区域差异性，提倡形态多样性，彰显小（城）镇独特魅力，防止照搬照抄、"东施效颦"、一哄而上。国家发改委城市和小城镇改革发展中心首席经济学家李铁、副主任乔润令等均曾在不同场合发出警告："特色小镇要注重产业立镇，避免以特色小镇的名义形成新的房地产热。"

冷热交融的嘈杂声中，绿地的掌门人张玉良坐在他的办公桌后凝眉思索。转过年来的 2017 年 1 月，他忽然对外发声道："房地产行业已进入以'大企业、大项目、重产业、重运营'为特征的新阶段，而绿地的多元化及产业资源积累为展开超大盘的运作奠定了优势。绿地将重点选择一、二线城市远郊及周边，投资启动特色小镇大盘项目。"这是绿地首次对外声明自己的特色小镇战略。

从过去二十多年的发展过程中来看，绿地一直以"做政府所想"为自己的经营理念，从这个角度来说，其呼应国家政策而进入特色小镇领域，似乎并不足为奇。但事实上，绿地的这个举动并非只是单纯的"蹭政策的热度"，而有更深刻的"为市场所需"的动因。

张玉良在后来的一次受访中曾这样说："绿地为什么大规模介入特色小镇，我们是这样思考的。一个是政策背景，中国新型城镇化的国家战略，以及国家发改委、国家住建部提出中国要建一千多个小镇……第二是从市场背景来看，大城市、中心城市的溢出效应，正在形成城市群。比如上海周边的城市，有一些小镇按传统的讲法是五线城市，现在不是，它是一线半。比如上海周边小镇的房价卖三万，在西安只能卖一万多。所以你说西安是二线城市，它是五线城市吗？不对，它是一线半城市。因此大城市、中心城市的溢出效应，导致周边的小镇产生比较大的市场价值。"

正是基于政策、市场的双重考虑，绿地在 2017 年 4 月发布了当年的四大重点战略，其中之一正是全面实施特色小镇大盘战略。根据这一战略，绿地将"获取一批大盘项目。以有大城市溢出效应、有产业导入支撑、有实际操盘能力为核心，在北京、上海、广州、郑州、武汉、西安、成都、南昌、南京等一二线重点城市远郊及周边，储备 10—15 个特色小镇大盘项目……加强产业资源整合。用足集团综合优势，加快整合大健康、科创、旅游等新兴板块产业资源……深化规划运营理念。抓紧针对大盘项目的开发模式研究，聚焦智慧健康城、文化旅游城两个主题……实施多维多层协同。将协同效应最大化，加强各产业板块间的横向整合、集团与事业部间的纵向协作、各业务条线间的无缝衔接，包括加快设立小镇等主题基金等，举全集团之力推动特色小镇战略快速实施。"

其中尤其引人注目的是"实施多维多层协同"，而这似乎也是绿地在特色小镇开发上尤其自信的主要原因之一。张玉良在 2017 年 7 月接受记者采访时说："绿地打造特色小镇的理念是：小镇是一个有机的生态体，基础设施、建筑实体、特色产业、商业运营、金融资本缺一不可，打造特色小镇须实现去地产化、产业导入前置。"

绿地之所以敢放言"去地产化、产业导入前置、多维多层协同"，与其战略布局高度相关。2015 年，绿地集团宣布重大转型方向"一主三大"战略，即持续做强一个主业（房地产），加快发展"大金融、大基建、大消费"三个重点领域，到 2017 年，又有科技、康养两个行业成为绿地布局的新领域。这些领域当然并非凭空出现，而是绿地在过去多年的尝试之后，逐渐做出规模甚至在细分领域形成优势的几个产业：过去几年中，绿地金融板块的利润呈几何级数倍增，并从纯粹的债权投资转向金融全牌照经营，已具备成立小镇基金、完成募资和投资的资质及经验；基建板块通过加强经营和股权并购，规模迅速扩张，已经具备了在较大范围内实施基础设施建设的能力；消费（商业）板块则借助线下门店和海外战略的优势，以精品线下零售和跨境电商服务为特色，并持续做强对商业综合体的运营。而在房地产领域，由于绿地的产品线在所有的大型房企中几乎是最为丰富的，其大体量的办公产品链接了海量的企业，这一优势为绿地导入产业提供了数以万计的合作伙伴。

正是得益于综合经营模式，绿地不仅长于传统的房地产开发，更能承担产业基金设立、基础设施建设、配套商业运营、产业导入等多种职责，早已从单纯的房地产开发商摇身变为"城市运营商"，这为小镇战略的落地添上了极具分量的筹码。

2016—2017 年，绿地与陕西省、宁波杭州湾新区等地所签订的百亿级的合作大单，已经充分证明了这一模式的有效性。

盘龙谷的超前尝试

对于京津冀事业部来说，特色小镇战略的实施也有着极为重要的意义。首先，由于运营区域中有一个超大型的中心城市北京，核心城市溢出的市场需求已经被事业部所感知，利用特色小镇来满足这种需求，是时势赋予的机遇；其次，北京市供地日渐稀少，竞争也已趋于白热化，而严厉的调控措施则如达摩克里斯之剑悬于头顶，在这种情形下，适度地从北京抽离资源，在环京地带寻求机会也是现实的选择；最后，考虑到集团对事业部寄予厚望，希望未来其规模能与上海本部旗鼓相当，而要想快速增加土地储备，特色小镇大盘也是一种可能的途径。

不过，令人有些意外的是，其实早在特色小镇战略提出之前，京津冀事业部便已经开始了在这一领域的实践。事业部在华北落子的第一个项目——天津盘龙谷文化城项目，实质上就是一个具备文化特色产业的小镇项目。

盘龙谷项目位于天津市蓟州区，项目规划范围有 28 平方公里，可建设面积 10 平方公里，是实实在在的“万亩大盘”，目前已经开发了超过 2 平方公里。正如本书第一章所言，绿地进入这个项目实属机缘巧合：最初是北京一家颇具实力的文化公司想要打造一个融"影视、音乐、艺术、传媒"为一体的文化城，于是找到绿地寻求合作，由绿地负责房地产开发，对方则作为运营方，负责相关文化资源的引入和运维。彼时的京津冀事业部正受困于在当地缺少资源，找不到合适的项目，对这一项目信息自然非常重视，很快便推进了盘龙谷项目的拿地和开发。但令事业部始料未及的是，在项目开发过程中，合作方因种种原因退出了合作，于是，事业部不得不独立面对项目后期的销售与运营。

假如这只是一个常规的住宅或综合体项目，事业部自然视若等闲——彼时的京津冀事业部虽然人手尚少，但"北上先遣队"的成员是集团总部抽调的精兵强将，多有成熟的操盘经验，而在当地招收的员工，一般也都有地产行业背景。然而，即使以今天的眼光来看，盘龙谷文化城这样的远郊大盘也很难操作：可开发面积大，位置偏，配套差，没有成熟产业，唯一可资利用的是盘山风景区的旅游资源，但盘山的季节性又特别明显，夏季固然葱茏秀美，冬天却也是一派荒凉凋敝，每年基本上只有半年时间可以用来销售。

已经骑上虎背的事业部没有返身撤退的机会，只能咬着牙做下去。对于应该如何操盘，大家最后都统一了认识：必须引入产业，只有依靠产业，才能吸引产业相关的人群集聚，并促使配套迅速成熟，形成良性循环。否则仅仅依靠旅游资源和第二居所的概念，很难把客群吸引到如此偏远而荒凉的地方。

就这样，在产业地产和特色小镇这样的概念还没有出现的2009年，京津冀事业部在无从借鉴、没有经验的情况下，开始了自己的产业运营探索之路。

考虑到项目最初的定位就是"文化城"，而且早期的盘龙谷人迹罕至，配套简单，常规的产业很难引进，反而倒是适合书画类的艺术创作，因此事业部最初便找准了定位，多方接触该类型资源。2009年下半年，时任事业部总经理的陈志华通过文化部的领导联系到了前中国国家画院副院长、院务委员解永全，表达出了合作的意向。

解院长是一位艺术大家，也是一位文化产业的热心推动者，但他一开始也没有理解绿地的用意，还笑着问："他们是搞房地产开发的，我们是搞文化的，有什么可聊的呢？"然而，当事业部将自己的想法和盘托出之后，他的兴趣顿时被点燃了。

根据京津冀事业部的规划，他们将在盘龙谷中为国家画院打造一个创作基地，并负责基础的开发建设和后期运营工作，建成后，国家画院可以偕同相关领域的艺术家入驻，在其中从事创作、展览甚至休闲会客。在解院长看来，这是一件弘扬中国艺术文化的大好事，当即表示赞赏，最终通过层层汇报，最终也获得了整个画院的肯定与支持。

2010 年 7 月 17 日中国国家画院盘龙谷创作基地奠基仪式

双方很快就开始了落地推进工作。在这一过程中，解永全院长又积极推动与地方政府的合作，以促成文化产业落地发展。经过一番努力，2010 年 7 月 17 日，在文化部、天津市、中国国家画院、绿地集团和近百名艺术家、业内人士及主流媒体的共同见证下，由中国国家画院、蓟县人民政府、绿地集团进行战略合作签约并举行了"中国国家画院盘龙谷创作基地"奠基仪式。同日盘龙谷艺术馆正式开馆启用，绿地集团与中国国家画院联合举办中国画作品展，展出了 90 多位中国老中青三代艺术家的 100 多幅文献精品。

在国家画院的示范效应带动下，入驻盘龙谷的各类文化资源越来越丰富。这其中值得一提的便是在影视界声名显赫的成家班。成家班是武行里的"飞虎队"，这个名字代表着影视特技专业人员中最出类拔萃的一群人。作为香港金像奖获奖次数最多(9次)的动作班底，成家班是唯一能连续三年夺动作设计奖的。

"成家班"入驻绿地盘龙谷文化城

　　成家班的入驻颇有一些巧合，但其中也蕴含着一些必然。2012年，成龙在新加坡与张玉良有了一面之缘，期间提到把成家班落地的想法，张玉良随即向他推荐了盘龙谷。虽然双方建立了联系，但随后成龙并没有再次提起入驻的事。几个月以后，不喜簇拥的成龙没有提前给张玉良打招呼，直接去了盘龙谷看现场。尽管对成龙的突然来访毫无准备，但盘龙谷团队反应快速，接待周到，介绍细致，令成龙感到十分满意；而盘龙谷的美丽风景和绿地的妥善开发确实相得益彰，这一切都深深地打动了成龙。2013 年 12 月 21 日，绿地集团与成家班在北京举办了战略合作签约仪式，成家班团队宣布正式进驻盘龙谷，并在此开展以影视动作特技为主题的影视文化产业项目运营。

如果说 2015 年以前，事业部在盘龙谷的运营思路还是集中文化影视产业，以单点突破、连接头部资源为主，那么随着集团"重产业、重运营"思路的提出以及盘龙谷相关配套的逐渐优化，此后事业部更着眼于产业综合运营，全面提升盘龙谷的人居及商业氛围，不但要让人来，还要让人"留得住"。

2016 年 10 月，事业部与耀莱集团签订战略合作协议，在盘龙谷合力打造现代化影视传媒实训基地，陆续引入影视传媒上下游相关产业。耀莱集团旗下的产业众多，包括影视、商业、航空、投资等，而其中的耀莱影视是集电影投资、制作发行、艺人经纪等业务的综合性影视娱乐公司，签约人中不乏成龙、范冰冰、冯小刚等明星和知名制作人，同时还独家拥有成龙品牌。未来，双方还将在盘龙谷共同打造一所影视传媒大学，为影视文娱产业培养人才。

这项合作，不仅优化了盘龙谷文化城的资源配置，也将极大地促进当地旅游和文化产业的发展。可以预见的是，随着影视基地以及影视传媒大学的落成，更多的影视剧组及上下游产业链，上万名的学生及相关师资力量都将进驻盘龙谷，他们对

"成家班" 40 周年庆在盘龙谷文化城举行

衣食住行等基本生活配套服务将产生直接需求，必将带热该区域内的消费类第三产业。

当盘龙谷的风景名胜和影视资源完美结合，其旅游价值得以凸显，酒店产业自然也成为不可或缺的一环。2016 年 11 月，高端民宿酒店品牌运营商中的佼佼者"山里寒舍"宣布入驻盘龙谷，将利用盘龙谷 14 栋法式大独栋别墅进行高端民宿的运营，同时也将利用日常的经营和相关资源对盘龙谷的存量资产进行销售转化。随着酒店运营的不断成熟，盘龙谷的业主也可以将其物业委托经营，实现资产收益最大化。此次合作对于绿地和山里寒舍来讲都是一次创新，也是一次共赢。对绿地来说，未来消费产业转型升级必将经历从数量增长向质量提升，盘龙谷的整体布局和配套设施非常符合都市类人群的"微度假"需求，借助山里寒舍的运营能力，未来吸引客流的能力将不断加强。对山里寒舍来说，盘龙谷具备得天独厚的环境优势，地理位置远近适中，配套也已经渐渐完善，也完全符合其项目定位。

纸上得来终觉浅，绝知此事要躬行。面对曾经荒凉惨淡的盘龙谷，京津冀事业部以自己的产业运营实践，于不经意间，触碰到了特色小镇的开发经营之道。如今的盘龙谷，围绕文化产业这个"核心"，积极导入上下游优质资源，正渐渐发展成为一个集产业、居住和旅游为一体的特色小镇项目。

寻机环京地带

如果说 2015 年以前，事业部的发展重心主要集中于北京，那么 2015 年以后，随着政策层面（京津冀一体化战略的提出）和市场层面（北京产业及人口外溢的现实）的新趋势出现，事业部已经开始将视线投射到北京之外的区域。

北京溢出，使得环京区域的机会凸显。在新一轮的去库存中，省会石家庄以及环京地区的不动产交易明显比其他地区更为活跃。根据河北省房地产研究中心统计的数据，2016 年末，保定、石家庄、廊坊等地的住宅库存（以待售商品房面积来表征）相较上一年同比分别下降 50.3%、49.2% 和 45.5%，而沧州和秦皇岛等地的住宅库存反而同比增加 20.8% 和 9.9%。这无疑证明了"环京地区有机会"的判断是正确的。

但是，环京市场应该如何开拓？还是和过去一样，只是冲进一个个新的城市，拍地建房卖房吗？恐怕没有这么简单。房地产行业已经进入下半场，结构性的供过于求已经出现，在没有分析清楚市场前景的情况下，新增的规模更可能成为存货而非利润。正如张玉良在一次集团内部会议上所指出的，"如果不认真分析市场形势，盲目上项目，今年你得到的是销售额，明年你面对的就是亏损。"尽管有着京津冀协同发展的政策利好，但要看到，河北省产业结构较京津地区还较为落后，城乡二元分化较为严重，整体吸聚人口的能力还相对较弱，在这一现实情境下，盲目增加投资并不可取。

如今，绿地在环京区域的发展需要更多地走综合开发的道路："如果单纯做房地产开发，绿地只能拼地段、拼价格，但是这条路会越走越窄，而且付出的代价会越来越高。如果能够迅速抓住政府政策的导向，把自身的优势和政府的需求结合起来，将综合类项目和地产开发结合起来，应该是公司未来发展的一个主导方向，也是能够发挥集团优势的一个方向。例如特色小镇项目，如果能够快速地布局两到三个项目，我们就能在河北市场站在比较主动的位置，这对我们后续的发展帮助非常大。"

2017年，京津冀事业部先后与大厂、保定、承德、门头沟等地展开接触，联合产业合作伙伴，为当地规划设计特色小镇项目。在这些规划中，事业部既充分考虑当地特色，设计了具备可操作性的产业导入方案，而且极为重视解决城市发展过程中的一些遗留问题，提升项目的社会效益。譬如在其中一个项目，原地块是农村集体用地，有大量外来人口租住于此，脏乱差问题相当突出；而且地块边上还紧挨着一个污水厂和一个垃圾处理站，无论是对视觉效果还是空气质量都造成了一定的影响，并不适合人居。此前有开发商的思路是先拆迁，将城中村夷为平地后原地起建回迁房，并在远离污水厂、垃圾处理站的一侧兴建高层商品房，以物理距离来消减环境问题对商品房出售的影响。而绿地的方案则摒弃了这种简单粗暴的做法，没有消极对待项目中存在的不利因素，而是利用多产业协同发展的资源，创新性地对地块进行改造。经过多次论证，绿地提出的规划方案是：引入国际上较为先进的污水处理技术，采用生物化的方式处理垃圾，将污水厂、垃圾处理站等全部建到地下，对应地上部分建设成为城市绿地和城市公园。这样，未来该区域的自然环境、人居环境都将得到大幅度的改善。正是凭借良好的规划设计能力和资源整合能力，不少地方政府均对绿地的投资意向表示欢迎，并签订战略合作意向书。

这其中，京津冀事业部为承德市所规划的"双滦区未来科技城"或许将成为落地最快的项目，并成为绿地在河北打造产业地产的典范之作。承德市是国家历史文化名城，具有"一市连五省（京津冀辽蒙）"的独特区位优势，尤其是在京津冀交通一体化的大背景下，随着高速铁路网的日渐完善，承德更是迈进了北京市的 1 小时交通圈，由此也成为了京津冀事业部的重点开拓方向之一。2017 年 6 月，事业部与承德市沟通产业发展规划，并在多轮次的方案修改与互动之后，拿出了一个概念方案。根据这一方案，绿地将在承德市双滦区靠近北京的门户位置（临近京承高速在承德市境内的第一个出口，距双滦区政府约 3 公里）打造一个"未来科技城"。在这一区域，绿地将依托自身与多家知名高校共建的合作平台，引入以数字科技创作、电子信息科技、智能装备研发为三大主题的科技产业相关企业，同时建设集观光鉴赏、科技体验、产品购买、娱乐游玩为一体的科技综合体验区和集特色建筑、购物、餐饮等为一体的都市文化休闲区。在该项目 3250 亩可建设面积当中，绿地将其中至少百分之四十的部分用于产业布局，建成后使之成为承德市科技产业引擎、京津冀科技产业高地和国家级科技创新示范区。由于绿地的规划满足了双滦区政府对于产业转型升级的需求，得到了其高度评价，双方也于 2017 年 11 月就该项目举行了正式签约仪式，并有望于 2018 年正式开工建设。

根据事业部的估算，单个特色小镇占地面积 3—5 平方公里，建设用地面积不低于 1 平方公里，需投资 80 亿—100 亿元，布局 4 个小镇就达 300 亿—400 亿元的规模，后续形成销售带动整体产业的规模或更大。这无疑是事业部未来再创辉煌的新引擎。

而对于如何在特色小镇的建设中避免走地产化的老路，事业部的认知非常清晰。"特色小镇就应该宜居又宜业，要把产业引进做到位，要把产业合作园区做到位，还要把公共服务设施做到位。"事业部总经理欧阳兵说，"如果只有房地产开发建设能力，没有产业的策划招商运营能力，是没法把特色小镇做起来的，只有两者兼备，我们才有可能把特色小镇项目搞成功。"而这也正是张玉良所指出的"打造特色小镇须实现去地产化、产业导入前置"的京津冀版本。

第九章　美好使命

让生活更美好

2017 年 10 月 18 日，举世瞩目的中国共产党第十九次全国代表大会在人民大会堂开幕。习近平代表第十八届中央委员会向大会作的报告指出："中国特色社会主义进入新时代，社会主要矛盾已经转化为人民日益增长的美好生活需要和不平衡不充分的发展之间的矛盾。"这与 1981 年十一届六中全会关于社会主要矛盾是"人民日益增长的物质文化需要同落后的社会生产之间的矛盾"的提法相比，已经发生了重要的变化。

这一重要的变化体现了时代的进步。上世纪八十年代初，我国的生产力水平总体低下，人们的温饱问题还没有完全解决，商品短缺，人们的物质文化需要常常得不到满足；而经过近四十年的改革开放，我国经济发展水平取得了长足的进步，全面小康社会即将建成，同时，人们的需求也从偏重于经济方面的"物质文化需要"向更广泛的"美好生活需要"转化，不仅要有美好的衣食住行，还要有美好的精神体验，比如拥有美好的自然环境、享有他人的尊重和公平正义的社会氛围等等。

多少有些巧合的是，绿地的企业宗旨正是"绿地，让生活更美好"。如今登陆绿地集团的官方网站，还能在其"企业文化"一栏中，看到上述字样。而绿地对这条宗旨的阐释，则是"坚持'和谐绿地、共建共享'，致力于实现社会进步、客户满意、企业发展、员工成长的多赢局面"。

所谓"实现多赢局面"，其实质是跳出了单一主体逻辑，将"我要如何"转变成为"我们要如何"，使得企业的价值跳脱出了单一的股东回报，而有了更为宏大的参照系。

著名的管理学家彼得·德鲁克曾这样探讨企业的本质："当问到企业是什么时，一个普通商人的答案通常是：'一个创造利润的组织。'经济学家的答案也如出一辙。但是这个答案不仅错误，而且答非所问……这并不是说利润和盈利能力不重要，但利润并不能解释所有的企业活动和决策的原因……一味强调利润，会严重误导管理者，甚至可能危害到企业的生存，以至于

为了今天的获利而破坏了企业的未来。"①在德鲁克的观点中，以
"利润最大化"来解释企业的经营行为并不完全合理（事实上，
"利润最大化"在短期和长期内往往是相悖的），企业的真正目
的是"创造顾客"，即满足人的需求。

根据企业经营的真正目的，德鲁克进一步指出企业应该设
定绩效目标的 8 个领域，即市场地位、创新、生产力、实物和
财力资源、获利能力、管理者绩效及培养管理者、员工绩效及
工作态度、社会责任。他特别提示说，如果过于忽视后三个领
域的目标设定，则很快就会造成企业在前五个领域的损失，最
后终结企业的生命。由此可见，企业承担社会责任与自身的生
存发展也息息相关。

身处在房地产、能源等这些很容易遭受社会公众诟病的领
域，张玉良对企业社会责任仍然有着很深的认识。他曾这样说
道："我相信，凡是履行社会责任比较好的企业，一定是可持续
发展的，因为它所获得的社会各界的支持会更多。每个人都有
一面看对方的镜子，企业对社会的贡献越多，获得的社会认可
度就越高，企业的信誉度与口碑就越好，社会给予的发展资源
与支持就越多。"但他也并不为了迎合公众，而对承担社会责任
毫无原则地高调。当有人提问"企业的天职就是赢利，所谓的

---

① 彼得·德鲁克.管理的实践 [M].北京：机械工业出版社,2009.

社会责任是一种'额外纳税'的观点，你怎么看"时，他的回答颇有些辩证的意味："这种观点并非完全错误，企业在市场规范框架下的发展过程，本身也是在为社会做贡献。(但是)赢利是他的本职，但并非全部职责。不同的企业，在不同的发展阶段，对社会责任的理解深度都是不一样的。"

事实上，绿地集团自身的发展历程正是张玉良观点的真实写照。过去的二十多年里，绿地通过自身的快速稳定发展实现盈利，解决就业，积极纳税，以发展来承担自己的社会责任。从 2000 万元注册资金起步，到 2016 年底，绿地集团的资产总额超过 6900 亿元，员工超过 2 万人，当年纳税总额达到 123 亿元。

而随着企业的迅速发展壮大，绿地也在自身经营之外，更多地参与社会公益事业。譬如，绿地集团曾出资 2 亿元设立了上海最大规模的企业慈善专项基金——绿地慈善公益基金，用于开展各项慈善公益活动，同时还发起了"绿地心计划"的公益项目。这一系列的工作更直接地服务社会弱势群体，与社会共享发展成果，正是绿地勇于承担社会责任的具体表现。

作为绿地集团的一份子，绿地京津冀事业部对于社会责任的理解和践行，同样有着阶段性的演变。在初入华北的前几年，事业部致力于在当地开拓市场、站稳脚跟，以扎实经营、吸纳就业、合法纳税、贡献美好的产品、提升区域经济社会发展水平的方式来履行自己的社会责任。通过全体员工的努力，事业部的销售额在 2013 年就突破了 100 亿元，到 2016 年时，员工已超过 600 人，单年纳税额已经超过 20 亿元，为区域的经济社会发展做出了卓越的贡献。

而随着事业部的经营规模不断扩大，利润水平不断提高，它开始更加注重区域公益事业的参与。譬如其在 2013 年发起了"绿地·美丽北京"的品牌公益活动，通过认养城市绿地、举办主题活动、传播绿色生活知识等方式，倡导低碳节能的生活理念。

此后，事业部更是突破了以宣传为主导的相对务虚的做法，而将社会责任与企业业务有机统一起来，在发展绿色建筑、推进无障碍环境技术研究等方面投入大量资源，并在行业内发起倡议，使人们能享受到更多技术进步带来的福祉，使企业的发展更有质量，更有"温度"。

从环保公益到绿色建筑

近年来，北京市在城市建设、经济发展上的成就世人有目共睹，但与此同时，其环境问题却日益凸显，特别是自 2013 年起，雾霾成了北京空气环境的关键词。受机动车数量过多、集中供暖、周边重化工业集中、空气扩散条件不利等因素的影响，

环保志愿者在"绿地·美丽北京"现场庄严许下环保承诺

当年 1 月，北京几乎整个月都被灰蒙蒙的雾霾封锁起来，空气质量合格的天数不到 5 天，严重影响了当地居民的身心健康。

空气质量的每况愈下，固然与冬季气象条件不佳有关，但最主要的原因还是在于有害气体排放量的增加和能够吸收消解有害气体的植被的减少。为了唤起人们对环境保护的重视，2013 年至 2014 年间，在综合管理部总经理曹玉霞的热心推动、今久公关公司的密切配合下，京津冀事业部以"绿地·美丽北京"为主题，开展了植树造林、认养城市绿地、九门环保风筝节大型公益活动、"零碳世界杯"5 人制环保足球邀请赛等一系列环保公益活动。通过这些活动，事业部不仅展现了关注环保、关心公益的企业形象，更向大众宣传普及了绿色低碳的理念，号召人们共同参与环境保护，打造"美丽北京"。

"绿地杯"第 6 届北京国际山地徒步大会

　　自 2015 年起，事业部又连续三年冠名北京国际山地徒步大会，为来自国内外的徒步爱好者们提供与大自然亲密接触的机会。到 2017 年，北京国际山地徒步大会已经举办八届，累计超过 10 万人次参加这项活动，事业部积极倡导员工和客户参与这一活动，并利用这一平台宣传公益环保理念，倡导低碳健康生活，提升社会大众对无障碍环境建设的认知，取得了很好的效果。

　　连续多年的以低碳环保为主题的公益活动，成功打造了"绿地·美丽北京"这一深入人心的公益品牌，令参与者们纷纷竖起大拇指，对活动的形式与其社会意义都赞赏有加。这些耗费了事业部不少精力的活动，虽然无法在财务报表上转化为收入和利润，却在人们心中渐渐树立起品牌的丰碑。

2015 年底，京津冀事业部的公益行动又向前迈进了一步。当时，事业部针对下一年度公益事业规划，开展了一次内部讨论。参与讨论者普遍认为，随着事业部经营业绩不断向好、品牌价值不断提升，仅仅将公益活动局限于环保宣传是不够的。关于未来应该如何开展工作，有些人提出跟随中央大政方针，参与扶贫活动，这种活动操作简便，效果立竿见影，也易于宣传；有些人则建议做支教与教育捐赠，这种公益活动意义重大且深远，社会认同度也很高。

事业部总经理欧阳兵听了讨论之后，提出了自己的意见：目前所筹划的公益活动固然都很有意义，但短期的多，长期的少，宣传的成分比较大，实际的效果可能比较有限。能不能把社会公益事业和公司的实际业务结合起来，使得这种机制更为长久，更有实效，而不仅仅是一些临时性、间歇性的举动？

这个更"接地气"的思路赢得了众人的一致赞同。在此之后，事业部除了继续组织公益活动并开展宣传，还围绕其房地产开发主业，在几个具备公共价值的方向投入资本与人力，并进行持续的研发、实施和宣传，实现企业自身发展和履行社会责任之间的完美融合。而其中与低碳环保理念相呼应的，就是大力推进绿色建筑。

当今世界面临的环境问题主要分为两类：对自然资源的无度消耗和污染物的大量排放。而建筑业在推动我国城镇化快速发展、基础设施日益完善的同时，其高能耗、重污染问题也越来越受到人们关注。在能耗方面，我国目前建筑全年运行能耗占到全社会总能耗的 25% 左右，如果算上建材生产以及建筑安装过程中的能耗，这一比例甚至将高达 40%。在污染排放方面，我国建筑活动所造成的污染约占全部污染的三分之一，城镇民用建筑的运行污染物排放量约占我国总发电污染物排放量的22%—24%，建筑垃圾每年高达数亿吨。因此，降低建筑在建造及运行过程中产生的能源消耗和污染排放，推动发展绿色建筑，有着非常重要的现实意义。

所谓绿色建筑，并非是指一般意义上的立体绿化、屋顶花园，而是指"在全寿命周期内，最大限度地节约资源（节能、节地、节水、节材）、保护环境、减少污染，为人们提供健康、适用和高效的使用空间，与自然和谐共生的建筑"。绿色建筑的效用首先在于改善人类的生存环境，可缩减在城市建设飞速发展过程中的有害气体（包括二氧化碳、二氧化硫、氮氧化物等）的排放；其次，其能耗和运营成本较普通建筑更低，一栋建筑使用寿命按 50 年计算，则一套 100 ㎡ 左右的住宅，长期使用可节约能源费用约为 4.5～9.2 万元；再次，绿色建筑更注重人的舒适与健康，尽量使用自然而非人工的方式调整人居环境，使居住者回归自然、亲近自然，提升生活品质。

西方发达国家因生产力发展水平较高，较早遭遇环境问题，对绿色建筑的认识也较早较深。1990 年，英国颁布世界上首个绿色建筑标准；1993 年，美国绿色建筑协会成立，随后起草了名为"能源与环境设计领袖"（Leadership in Energy and Environmental Design，简称 LEED）的绿色建筑分级评估体系，目前已成为全世界最具影响力的绿色建筑认证体系。我国在进入 21 世纪之后，伴随着经济体量的快速增长，环境污染、生态破坏的负面影响与日俱增，人们渐渐开始重视建筑物的节能减排，住房与城乡建设部于 2006 年开始颁布实施《绿色建筑评价标准》（Evaluation Standard forGreen Building，简称 ESGB），并于 2015 年再次更新。根据认证对象在 ESGB 评价体系中的满足程度，我国的绿色建筑认证由低到高分别为一星级认证、二星级认证和三星级认证。

以城市绿化起家、公司名称及品牌与绿色有天然亲近感的绿地集团，很早就开始了在绿色建筑方面的探索。最早在 2003 年，绿地即开始着眼于一些单项绿色技术的提升，如节水技术、建筑保温技术；2005 年开始，绿地集团推行了集成性的节水；2008 年，绿地集团发布了《绿地集团绿色行动计划》，从整个集团层面提出了'产品全类型、行业大满贯'的绿色建筑发展目标，经过近 9 年的发展，绿地绿色建筑产品已类型涵盖住宅、办公、商业综合体、酒店、幼儿园、超高层等，绿色项目数量始终处于行业前列，认证类型基本囊括国内外各大认证类型（国标、美国 LEED、德国 DGNB、英国 BREEAM、香港 HK–BEAM 等），绿色建筑的数量已经到达了 320 个左右，其中达到三星标准的有 18 个，绿地集团位于卢湾区的总部大楼，即同时通过了 LEED 金级认证和绿色建筑三星认证，具有很强的示范作用。2017 年 6 月 10 日，在由标准排名、万房投资联合主办，博鳌亚洲论坛官方杂志《博鳌观察》协办的"2017 中国绿色科技地产高峰论坛暨 2017 中国绿色地产指数报告发布盛典"中，绿地集团凭借在绿色建筑开发领域的卓越表现，荣获 2016 年度中国绿房企 TOP50 第一名、中国绿色地产（商业）第一名、中国绿色地产（住宅）第三名、绿色楼盘 TOP10 等奖项，是参会企业中获得奖项含金量最高、数量最多的企业。

京津冀事业部在绿色建筑方面也取得了令人瞩目的成就。譬如在其开发建设的超高层建筑望京绿地中心·中国锦中，全面考虑了节地（为自行车、新能源汽车设计优先停车位，种植本地植物等）、节水（使用节水景观、节水设备和雨水收集系统）、节能（围护结构采取保温隔热处理实现节能 12%，使用环保冷媒避免排出温室气体等）、节材（使用循环材和本地材，回用 95% 的建筑废弃物）和改善室内环境质量（使用低挥发材料，室内温度及二氧化碳浓度监控等），该建筑在设计阶段即通过了 LEED 的预认证，在竣工后通过了 LEED 银级认证。事业部在北京昌平打造的昌平绿地中央广场（未来科技城），该项目所包含的住宅与办公楼共 17 万平方米综合体均获得绿色建筑三星级认证；密云县绿地朗山项目二期、海淀区翠湖科技园项目以及石景山区五里坨建设组团均获得绿色建筑二星设计标识，更难能可贵的是，石景山区五里坨建设组团 02 号地 B 地块还是保障性住房项目；而事业部在北京所开发的其他所有项目，至少都达到了绿色建筑一星标准。这些成就，见证了京津冀事业部在绿色建筑领域做出的不懈努力。

绿色建筑和大数据应用是时代的趋势，是政策的引导，但由于成本压力和技术难度，真正践行于此的企业并不多，而绿地无疑是其中的弄潮儿。事业部在三元桥项目的开发过程中采用 BIM 技术，在房地产开发这个传统产业中，实现了技术、数据、市场、效率、成本的完美结合。一个建筑的设计和建造时间一般不超过 5 年，但实际存在和使用的时间往往会超过 50 年，过去人们更关注增量、关注规模，但实际上，对待存量的态度才是企业管理能力和社会责任感的体现。BIM 技术的应用不仅在设计和建造阶段为管理者提供科学的、具象的技术支持，也可以在建筑漫长的运营阶段，提供对建筑运行大数据的处理与分析，提升建筑的科学化运营管理水平，提高新能源使用效率，从而实现低碳环保的目的。

"绿水青山就是金山银山。"这是总书记的谆谆教诲，也是人类社会发展历程展示给我们的经验教训。环境保护关系到人类的福祉，这不仅需要人们提高认识，更需要更多的社会主体在节能减排事业中亲身践行。从环保公益宣传到推动绿色建筑，绿地京津冀正走在这样的道路上。

人本主义的无障碍建设

上世纪八十年代，我国以福利分房为主要的住房分配手段，供应严重不足，几代人挤在同一片狭小的屋檐下是常有的事。据统计，1980 年我国城市居民人均住宅建筑面积只有 7.2 平方米，农村居民人均住宅建筑面积只有 9.4 平方米。经过长时间的经济建设和城镇化运动，到 2012 年，上述两个数据已经分别增长至 32.9 平方米和 37.1 平方米，人们的居住条件大为改善。但是，人们的需求也在发生着变化，不仅要求"有地方住"，也希望有良好的居住体验。客观地说，当前的建筑设计在主体结构、外立面、内部软装等方面已经可以达到很高的水准，但往往在使用体验上考虑不足。譬如说，有些住宅卫生间设计过小，没有充分考虑到轮椅转弯的空间，而坐便器的高度过低，令老年人使用起来极为费力；有些小区的阶梯边没有配上相应的坡道，或者配了坡道但坡度过陡，不利于腿脚不便者、轮椅和婴儿车的通行；有些小区没有设置盲道，或者设置了盲道却在盲道通过的地方装了栏杆、墙等障碍物，造成对视障人士的不便与伤害……

正因为看到这些不足，事业部在 2015 年底做公益事业规划时，将推动无障碍环境建设规划为一项重点工作。这项工作一是与绿地所在的房地产开发领域直接相关，事业部的各个部门都可以直接参与进来，如技术部要着力提升无障碍环境的设计理念和技术水平，品牌部要举办活动对外宣传等；二是无障碍环境建设的现状不容乐观，整个社会对此的认知程度也不够，这正是需要持之以恒、长效坚持的有意义的事。

在倡导这一公益事业的过程中，事业部很好地运用了企校联动的方式，与国内的顶级名校清华大学达成合作。其实事业部与清华大学的渊源颇深，早在 2013 年，事业部就与清华大学建筑学院联合设立建筑教育基金，发起了"绿地种子计划"和"绿地萌芽计划"，支持学生自主开展与专业相关的科创研究与实践，并培育出了不少应用级的成果。正是因此，双方同声相应、同气相求，彼此沟通十分顺畅。

在无障碍环境研究方面，清华大学在 2016 年 4 月与中国残疾人联合会发挥各自优势，发起成立了清华大学无障碍发展研究院。该研究院依托于清华大学建筑学院、美术学院、社会科学学院、机械工程系和计算机系等院系，致力于打造无障碍研究与发展领域的新型国家智库以及世界一流的无障碍技术与工程交叉学科平台，科学地建设我国的无障碍环境。

在了解到这一背景后，事业部积极与清华大学无障碍发展研究院联系，希望双方合作，共同投入资源，切实推进无障碍环境建设事业。2016年10月，绿地京津冀与清华大学无障碍发展研究院共同发起了"清华无障碍校园环境建设研究"和"绿地无障碍通用设计指南"两个项目。清华大学无障碍发展研究院执行院长邵磊在演讲中这样说道："我们要推动社会理念、环境建设与公共服务的融合共享，无论是儿童、老人，还是残障人、健全人，无论年龄、身份、收入，无障碍环境和服务的面向群体是我们全社会的最大公约数，是全体社会成员能够自由、平等参与社会的基础。"京津冀事业部总经理欧阳兵则在致辞中表示，绿地作为有高度社会责任感的企业，对推动无障

"有爱无碍·首届绿地杯北京无障碍公益运动会"无障碍知识展板

碍环境建设责无旁贷，在建筑打造过程中，将积极地加强通用设计水平，真正让产品充满人性关怀，为行业发展、社会经济、百姓生活品质提升注入强劲动力。

所谓的"通用设计"，实际上是"无障碍环境设计"的一种演化和延伸。无障碍环境从狭义上讲是方便残障人群，从广义上讲，是为所有人创造更为安全、更为方便地平等参与社会生活的整体环境。通用设计的核心思想是，考虑到人们在不同环境、情态下能力有差异，那么设计就要充分考虑到是否能被一定程度下的失能者使用。失能者能够正常使用的设计，也就具备了通用的功能。通用设计有七个原则：原则一是公平的使用，即具备不同能力的人都能公平地使用，比如通路既要有台阶也要有坡道；原则二是灵活的使用，提供多种使用方式以供使用者选择，比如鼠标通常设计成右手使用的，但体现通用设计精神的鼠标应该是对称的；原则三是简单和直观，最好要让使用者一目了然，不需要专门的学习就能使用；原则四是可感知的信息，无论使用者是否有感官上的缺陷，都要把必要信息传递给使用者，譬如人行横道上会发出声音的红绿灯，抑或电梯轿厢内的报站系统（以利于视障人士的使用）；原则五是容错能力，减低错误操作的可能性及其危害，比如用软性地面取代刚性地面，减轻不小心摔倒造成的伤害；原则六是尽可能减少体力付出，以帮助因伤病、衰老等原因造成体力严重下降的人，许多技术创新如家用扫地机器人、厨用垃圾粉碎器等都遵循了这一原则；原则七是有合适的空间，例如在台面高度、台下空间的尺寸等细节照顾老年人的使用感受。

根据这些原则，绿地京津冀正在与清华大学无障碍发展研究院合作共同编制《绿地社区无障碍环境设计导则》（以下简称"无障碍设计导则"）。其实，在绿地现有的产品体系中，已经部分地运用了无障碍设计的理念，譬如在"理想·家"景观环境设计体系中，社区内部有台阶高差的地方一定有坡道，这样不管是老人、孩子还是带着孩子的妈妈，都可以不受阻碍地通行；在"爱丽·乐居"室内精装体系中，则配置智能化灯光控制、儿童开关设计、抽拉式龙头、便利隔板等贯穿了通用设计理念的细节。而在未来，随着无障碍设计导则的成型与贯彻实施，绿地无障碍环境建设将更为系统化、更能满足人们的需求。

除了在业务层面的努力，事业部还积极地向社会大众宣传无障碍理念。2017年7月1日，事业部还联合清华大学无障碍发展研究院在奥林匹克森林公园组织了一场大型公益运动会，邀请了近100多名视障人士和100多名志愿者共同参与。在这次运动会中，事业部别出心裁地准备了助盲跑、趣味无障碍体验赛、公益人士演讲等环节，让参与者充分体验到了行动障碍人群的日常困难，令社会大众对建设无障碍环境的重要性有了更为深刻的认识。当天，事业部还在现场发起成立了"绿地格

"有爱无碍·首届绿地杯北京无障碍公益运动会" 助盲跑鸣枪开赛

林维 C 公益联盟"，几十位公益志愿者上台庄严宣誓，表示今后将身体力行地参与公益，让生活环境变得更为美好。

中国残联副主席、清华大学无障碍发展研究院管理委员会主任吕世明出席了当天的活动并发表了精彩的致辞，他表示：加强无障碍环境建设是社会文明进步的重要标志。近年来党和政府高度重视无障碍建设，国家领导人多次在会议中提到要重视中国的无障碍环境发展。实现无障碍是社会公共服务均等化的具体表现，需要政府、科研机构、社会团体、广大民众的热情参与。绿地集团近两年积极参与到无障碍环境建设中来，值得特别的肯定和鼓励，为整个社会起到了很好的带头作用。相信未来会有更多的社会力量参与到无障碍环境建设中来，整个社会的包容性也会因此而大幅提升，我们生活的家园也将更加的美好。

而在京津冀事业部看来，倡导无障碍建设不仅是一种公益事业，更是房地产行业未来的发展趋势。未来的人居环境建设不仅要做到"居者有其屋"，更要突出人本主义精神，而以人为本必然是从给予弱者足够的尊重和体面的生活做起。"每个人都从孩提时代而来，也都必将面对年老不便，都有可能受伤生病，更不用提身边的残障人士……推动无障碍环境建设，为的就是今天的你的父母和明天的你，所有的意义，都在这一句话里了。"

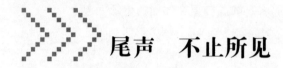 **尾声　不止所见**

奇迹缔造者

我到达盘龙谷时，正值隆冬时分。华北的冬天冷得蛮不讲理，湛蓝的高天不留一丝云彩，听凭大地仅存的热气向着广袤的宇宙消散。偶尔，倔强的北风挟着寒意卷地而来，冻得人牙关紧咬，更将枝头寥寥无几的黄叶一举扫荡干净。盘龙谷就这样不着衣衫地暴露在天地之间，灰黄色外立面的建筑群无声地矗立，与天地一样寂寥苍茫。

也许是读懂了我眼中转瞬即逝的失望，绿地的一位工作人员对我说："盘山的冬天太冷，树木也都枯败了，前来游玩度假的游客就少了，另外多数业主把这里作为第二居所，所以冬天看起来要萧条一些。但如果夏天来，你能看到的景致是完全不同的。"

我出于礼貌，用点头回应她的解释，心中却多少有些不以为然。夏虫不可以语冰，身在冬日的我，也无法想象盘龙谷夏日的盛景，以为先前绿地人关于盘龙谷的溢美之词，总免不了有些"敝帚自珍"的况味。直到我与在这里经历了十个寒暑的老员工交谈，才渐渐明白，这里究竟发生了一些什么，绿地人的情感又是从何而来。

"十年之前？哎呀，我的印象真是太深太深……无比深！就现在这个宝平公路，当时只有一个路基，被大车压得坑坑洼洼的，上面全是开矿开出来的那个白灰，但凡有一辆车开过，白色的沙尘暴就漫天扬起，什么都看不见。当时这个地方没别的，就是灰，路上是灰，树上是灰，房上是灰，老百姓脸上也是灰……这些老百姓就是当地的山民，绿地没来之前，他们可能一辈子都没出过山，每天都是在这种灰头土脸的环境里过日子，根本不会想到一片荒山会变成今天这样的景致。"

我问："那您十年前刚来这儿的时候，能想象得到盘龙谷变成今天这样吗？"

她连连摇头："想不到。那会儿我就感觉这地方实在太差了，也没法想象我们能把它给改造成什么样儿。现在回过头去看看，我们在这么荒僻的地方居然给建出一个'小镇'来，真是一件不可思议的事儿。"

"不可思议"这个词，几乎可以用来形容过去近二十年的整个房地产行业。在中央政府为了对抗亚洲金融危机，彻底停止福利分房，将住房产业化的大门隆隆打开的 1998 年，当年全国的房地产住宅投资总额是 2082 亿元；而到 2015 年，这个数字变成了 64595 亿元，比 17 年前增长了超过 30 倍。

数字只是对现实的一种抽象。但经历过这十几年疾风骤雨一般的城镇化进程的普通中国人，应该不会对这样的景象感到惊讶：山峦夷平、湖沼退去，脚手架陈列、挖掘机轰鸣，落后的村庄开始出现崭新的小楼，陈旧的市镇迅速改头换貌，一座座现代化大楼如竹笋出土般冲天而起，组成了水泥森林中相互守望的参天大树……过去十几年，中国这个巨型经济体的急速膨胀与繁荣，在很大程度上与此有关——尽管绝尘而去的房价常常挑动人们脆弱的神经，甚至引发了关于开发商到底有没有流着"道德的血液"这样的拷问。这里当然无意也无法去探讨房价的构成，但正如亚当·斯密在《国富论》中所表述的那样，"他（每一个人）所盘算的也只是他自己的利益……受着一只看不见的手的引导……他追求自己的利益，往往使他能比在真正出于本意的情况下更有效地促进社会的利益"，以"自利"为第一驱动力的房地产行业，确实在推动整个社会走向现代化，并打造了许多令今人回望过去时感到"不可思议"的奇迹。

绿地京津冀当然也是奇迹缔造者中的一员。在进入华北的十年里，它起初曾遭遇诸多不利因素，于辗转腾挪间艰难求存；但成功进入北京之后，很快便如野火燎原，迅速生长壮大，并博得"京城商办之王"的美名。如今，绿地在京津冀大地上已经开发建设项目超过 34 个，总开发面积接近 1000 万平方米。它所带来的当然不止是摩天大楼的视觉冲击力，更是通过区域规划、房产开发、产业引入、商业运营等一系列工作，助推大兴、房山、通州这些曾经的偏远郊县，渐渐成长为人群聚集、产业兴盛、商业繁荣的现代都市。城市的成长、区域的发展，正是诞生于这许许多多而又普普通通的"奇迹缔造者"们的双手之中。

凛冬将至

但恰如走过温暖明丽的春夏之后，在寒风中略显萧瑟的盘龙谷，绿地京津冀可能也正面临着近在咫尺的寒冬。

房地产行业正在发生着深刻的变化。有些观点认为，2011年以后，由于劳动力人口的连年下滑，房地产发展的人口驱动周期实际上已经结束，行业发展的逻辑已经转向投资驱动周期，也就是从刚需向投资 + 改善转变，而在这种背景下，行业必将从整体性上涨转变为结构性上涨。王石在 2014 年直白地说：

"房地产的黄金时代已经结束，白银时代即将到来。"他所谓的
"黄金时代"，其实就是行业的普涨格局，"弯下腰就是金灿灿
的"，但在白银时代，"不再是弯下腰金灿灿的一片"了。尽管
2015 年下半年开始，由于货币洪水泛滥，一二线城市房产量价
皆呈井喷之状，一心要压倒王石的孙宏斌于是反驳说，"不是白
银时代，而是钻石时代"，但他也解释道："谁的钻石时代呢？
大公司的钻石时代，因为大公司在不断地合并小公司的市场份
额。小公司都没了，这个时代就结束了。"从另一个侧面肯定了
房地产行业从增量市场向存量市场转变的事实。

　　一个行业从增量发展转向存量博弈，必然意味着竞争的加
剧。在这一场刺刀见红的竞争中，绿地当然有着自己的优势，
比如庞大的体量、多元的产业、超强的资源整合能力、混合所
有制的股权结构等等，这些都有助于它在"强者恒强"的新格
局下进一步扩大市场份额；但与此同时，绿地并非毫无软肋。
在过去的几年中，绿地始终秉持差异化发展的战略，相比自己
的主要对手——以住宅开发为主的万科、恒大、碧桂园和保利，
绿地的商办产品始终占有很高的比例（占比曾超过 50%），其
超高层战略也一度为业内外所熟知。相比住宅产品，商办产品
（尤其是超高层）的土地成本显著偏低，但开发难度、资金占用
均偏大，而开发周期、回款与盈利周期则明显偏长。2014 年以
前，整体经济的高速增长、政策对于商办产品的鼓励、企业做

大资产负债表的普遍冲动等多种因素叠加，使得商办产品销售顺风顺水，绿地也凭借商办领域的发力，迅速成长为可在规模上与万科相抗衡的巨型房地产企业。然而，2014年以后，由于三期叠加造成的经济增速整体趋缓，企业整体停止了扩张的脚步，另外，实体企业受到电商冲击越来越明显，这些原因造成商办产品的需求一落千丈，供需之间的巨大鸿沟立刻显现出来，存货去化压力瞬间放大。绿地在2014年曾一度超越万科成为销售额最大的房地产企业，但其后几年又渐渐后退到行业第四的位置，与商办产品的销售困境有很大关联。

此外，张玉良很早便预见了区域分化的格局迟早要出现，他的应对方略是要求各事业部将资源向本区域内的核心城市聚焦，适当控制对三四线城市的布局。应该说这一预判在方向上是正确的，近年来区域分化加剧、资源向核心城市加速聚集的现象确实已经出现。但令人始料未及的是，肇始于2015年下半年的这一次楼市暴涨过程中，由于一二线城市交易过热，很快就招致了调控之手的强力干预，限售、限购、限价、限贷等一系列措施轮番出台，几乎将一二线城市的房地产一级市场完全冻结；而购买力的溢出，三四线城市"去库存"进程的持续推进，则使得三四线城市开始享受"狂欢的盛宴"，在三四线城市布局颇多的恒大、碧桂园们在这场盛宴中收获巨大，而绿地则几近于"踏空"。

而京津冀事业部所面对的局势甚至比整个绿地集团所面临的更为困难和复杂。2015 年以前，事业部所重点拓展的正是区域内最核心的城市北京，而北京也正是本轮调控中，遭受限制最为严格的一个城市：比如，收紧非京籍家庭购房资格审核，从每年缴税一个月收紧至连续在京缴纳个人所得税 60 个月；提升首套房、二套房首付比例，缩减房贷优惠；"认房又认贷"，从严掌握二套房标准……这一系列限购政策正在快速消解北京楼市的热情，京津冀事业部身在其中，不可能感受不到其中的丝丝寒意。当然，2015 年以后，事业部也开始返身出京，在天津、石家庄等地开拓市场，不过，调控政策也同样如影随形——这正是调控中最为难解的一个悖论：被市场认可的会被政策打压，而被政策鼓励的却不被市场认可。在长效机制落地之前，短期的调控见效最快，而市场主体对此往往无计可施，只能被动接受。

影响最大的则是北京住建委于 2017 年 3 月 26 日发布的《关于进一步加强商业、办公类项目管理的公告》，被业内称为"326 新政"的这一办法制止了商办产品向个人销售，同时又要求最小分割面积不低于 500 平方米，这基本切断了商改住的途径，对商办产品的打击可谓"拳拳到肉"。面对新政压力，在京许多房企已经放弃了对商办项目的销售考核，但对于京津冀事业部而言，"放弃"是一个无法接受的选择项。绿地京津冀在北京区域的产品结构中，商办产品占比远远高于集团的平均比例，现在它不仅要面临后续销售的巨大压力，已销售部分也频繁遭遇整改指令和客户退房。对于事业部而言，它一方面必须符合政策的规定，安抚客户，在法律框架下妥善解决问题，避免给集团增添负担；另一方面又必须想尽办法，运用多盘联动、大单销售等方式来推动成交，以实现年初所确定的经营目标。这其中的纠结与艰难，即便身在局外亦可感知。

因时顺势

2000 年，当深圳的华为实现销售额 220 亿元，成为全国电子百强首位时，其总裁任正非写了一篇被广为传颂的文章《华为的冬天》。这位后来名扬天下的企业家在其中写道："十年来我天天思考的都是失败，对成功视而不见，也没有什么荣誉感、自豪感，而是危机感。也许是这样才存活了十年。我们大家要一起来想，怎样才能活下去，也许才能存活得久一些……现在是春天吧，但冬天已经不远了，我们在春天与夏天要念着冬天的问题。"

任正非的话语朴实而有洞见，他说出了一个颠扑不破的真理：四季轮转、冷暖交替并非自然界独有，这也是行业发展、企业发展的规律。在春天要想着冬天，随时做好应对的准备，才能从容度过寒冬，再次迎来属于自己的阳春三月。

企业家的危机感在一定程度上是共通的。张玉良有一次接受采访时说："绿地发展策略的核心仍然是'时、势'二字，'转型、升级'在绿地永远是常态。"在他看来，企业的发展永远是动态变化的，依靠一成不变的打法去应对市场，一定会被淘汰，只有始终围绕着时势的变化，不停地转型升级，才有可能获得长久的生存。

而在寒冬到来之前，京津冀事业部已经顺应时势，做出了自己的调整。从 2015 年起，事业部渐渐改变了土地拓展过于集中于北京的倾向，开始关注环北京区域如廊坊、固安、大厂、保定等地的机会，并通过项目收购的方式，先后进入了石家庄和天津市区，紧接着还将进入承德；2016 年起，事业部又在工作安排中强调要加大对轨交沿线、节点城市住宅用地的拓展力度，着力优化调整产品结构，适当提高住宅产品在事业部产品线中的比例；而随着雄安新区的设立，事业部也迅速行动，积极对接新区管委会，并协助集团注册成立雄安公司，为把握新区建设的机遇打下了坚实的基础。

而绿地集团根据时势而不断进行的转型升级，也将会为它在京津冀的未来添砖加瓦。2015 年，绿地集团提出了"一主三大"的转型战略，除房地产主业之外，将大基建、大金融、大消费三个领域作为未来重点开拓的领域，同时致力于产业之间的相互贯通。2017 年，绿地又成立绿地康养产业集团来全面负责"医康养"大健康核心产业平台的建设，并借力其酒店集团快速复制"康养谷"的建设；此外，还通过与国内顶级高校如复旦大学、上海交大、同济大学等共建科创平台来推动科技产业的孵化和发展。由此，绿地集团的产业布局进一步扩张为房地产主业及基建、金融、消费、康养、科技等五个综合产业。张玉良曾公开表示：绿地的特色小镇将坚持产业立镇、宜居宜业并重。坚持以人为本，生态优先、产业为基、文化为魂、科技助力，务实开展资源整合和产业落地。这一定位无疑将进一步提升整个集团的竞争能力，也提升其在京津冀地区的竞争能级。

当前，京津冀区域管理总部已经成立，未来将成为绿地集团全产业链在京津冀区域的中枢系统。如果我们将视线拉长放远，跳脱出当下单一产业所遇到的政策与市场波动，可以预料的是，手握"1+5"丰富而强韧的生态系统，绿地京津冀的未来终将不止所见。

同欲者胜

当然，抽象的战略方向变革也好，具象的产业集群支持也好，所有的资源禀赋要转化为真实的企业发展，落足点最终在人。"企无人则止"，这不仅仅是一个讨巧的拆字游戏，更是一语道出了企业发展的最关键因素。

2017 年 12 月初，张玉良来到北京。与往常一样，他的行程排得满满当当：除了专程会晤柬埔寨人民党主席、首相洪森，出席媒体年度庆典并作为特邀嘉宾发布主旨演讲之外，他还抽出时间亲临大兴、香河等多地考察项目并与当地领导会晤，为京津冀事业部"鸣锣开道"。此外，张玉良还专程赶赴望京绿地中心，主持召开了京津冀事业部领导班子扩大会，并在会上提了四个要求。其中第一个要求，就是希望各级干部坚持"永不满足、思变图强，永不止步，争创一流"的绿地精神，尽职尽责、永不服输，始终保持"破釜沉舟、背水一战"的决心与紧迫感。

"两个永不"，这已经成为了绿地人不言而喻的精神图腾。在快速扩张周期，这是激励绿地人攀登一个又一个高峰、创造一个又一个奇迹的思想源泉；而当冷风吹起，它也应当是激励绿地人克难奋进、逆势发展的精神支柱。人们面临的环境总在永无休止地发生变化，唯有内心的信念可以永恒。

正是这种信念，激励了绿地京津冀人，在偏远蛮荒的盘山之中，逢山开道，遇水架桥，创造出一片美丽的新天地。

正是这种信念，激励了绿地京津冀人，在陌生多艰的环京地带，咬紧牙关，多方求索，持之以恒地推动发展。

正是这种信念，激励了绿地京津冀人，在初来乍到的城南之南，敢于创新，质速兼顾，打造了自己的经典作品。

正是这种信念，激励了绿地京津冀人，在寸土寸金的国门之地，高举高打，排难解纷，树立了自己的地标丰碑。

正是这种信念，激励了绿地京津冀人，在产业单薄的偏远郊县，因势利导，重视运营，摸索出了独特的商办模式。

……

正是这种信念，融进了绿地京津冀的十年历程，融进了每一个绿地京津冀人的魂魄，使他们同此一心，同走一路，筚路蓝缕，屡创辉煌。而正如《孙子·谋攻篇》中所说，"故知胜有五：……上下同欲者胜"，面临新环境、新挑战的绿地京津冀，正同心相连，走向未来。